国家级职业教育规划教材
全国职业院校学前教育专业教材

第3版

幼儿
数学教育活动设计与指导

周梅林　编著

中国劳动社会保障出版社

简　介

教材首先介绍了幼儿数学教育的基本概念及幼儿数学教育活动的目标与内容，然后以几种典型的幼儿数学教育活动内容为主线，结合活动设计案例，对幼儿感知集合的发展和教育、幼儿数概念的发展和教育、幼儿几何形体概念的发展和教育、幼儿量概念的发展和教育、幼儿空间方位概念的发展和教育以及幼儿时间概念的发展和教育等相关知识进行了全面阐述。

本教材由周梅林编著，廖丽英主审。

图书在版编目（CIP）数据

幼儿数学教育活动设计与指导 / 周梅林编著 . -- 3 版 . -- 北京：中国劳动社会保障出版社，2020

全国职业院校学前教育专业教材

ISBN 978-7-5167-4507-6

Ⅰ.①幼…　Ⅱ.①周…　Ⅲ.①学前教育 – 数学课 – 高等职业教育 – 教材　Ⅳ.①G613.4

中国版本图书馆 CIP 数据核字（2020）第 124309 号

中国劳动社会保障出版社出版发行

（北京市惠新东街 1 号　邮政编码：100029）

*

北京市艺辉印刷有限公司印刷装订　　新华书店经销

787 毫米 × 1092 毫米　16 开本　11.25 印张　191 千字

2020 年10月第 3 版　　2020 年10月第 1 次印刷

定价：25.00 元

读者服务部电话：（010）64929211/84209101/64921644

营销中心电话：（010）64962347

出版社网址：http://www.class.com.cn

http://jg.class.com.cn

前 言

学前教育是终身学习的开端，是国民教育体系的重要组成部分，是重要的社会公益事业。学前教师教育担负着培养学前师资的重任，始终受到国家的高度重视，2018 年《中共中央　国务院关于学前教育深化改革规范发展的若干意见》明确提出要“办好学前教育”“大力加强幼儿园教师队伍建设”。为了适应学前教育发展的形势，满足学校培养学前师资的教学要求，2020 年，我们对全国职业院校学前教育专业教材进行了修订和补充，重点做了以下几方面的工作。

第一，完善了教材体系。根据目前职业院校学前教育专业的教学实际，增加了《幼儿行为观察与指导》《幼儿园游戏》等教材，将《舞蹈（第二版）》和《幼儿舞蹈创编与教法》整合为《幼儿教师舞蹈基础》，将《基本乐理与伴奏编配（第二版）》分为《基本乐理》和《简易钢琴伴奏构建法》。调整后，整套教材体系更加科学、完善，便于教学的开展。

第二，更新了教材内容。对上版教材中的部分内容进行了调整、补充和更新，使教材更加符合当前职业院校学前教育理念和实践方法。增加了实践性教学内容的比重，主要技能点均配以详细的操作指导，以引导学生运用所学知识分析和解决实际问题。

第三，提升了教材表现形式。通过设置知识卡、能力卡、情景再现、引导案例等栏目，增加教材的亲和力，激发学生的学习兴趣。同时，加强了图片、表格及色彩的运用，营造出更加直观的认知环境，提高了教材的趣味性和可读性。

第四，加强了教材立体化资源建设。在教材修订的同时，开发了与教材配套的习题册和电子课件。电子课件及习题答案可登录技工教育网（jg.class.com.cn），搜索相应的书目，在相关资源中下载。在部分教材中使用了二维码技术，针对教材中的教学重点和难点制作了演示视频、音频等多媒体素材，学生使用移动终端扫描二维码即可在线观看或收听相应内容。

本套教材的编写得到了有关学校的大力支持，教材编审人员做了大量的工作，在此我们表示衷心的感谢！同时，恳切希望广大读者对教材提出宝贵的意见和建议。

人力资源社会保障部教材办公室

目　录

第一章 幼儿数学教育概述

学习目标

- 了解数学研究的对象及其特点
- 明确幼儿数学教育的特点和意义
- 明确幼儿数学教育各层次的目标

第一节　幼儿数学教育的特点和意义

幼儿数学教育是指在教师的指导下，幼儿在与周围环境的相互作用中，通过自身的操作和建构活动，获得早期数学素质的过程。

数学的含义

在很多人的心目中，一提到数学，第一反应就是计算。因为在每个人的成长过程中，都经历过数数、加减运算之类的“启蒙教育”。然而数学一词的英文“mathematics”，从词源上讲并没有数学的意思，也不限定于数量和图形，而是侧重于求知和思考方法。确切地说，数学不仅是用来解决问题、沟通和推理的，更是用来连接生活中各种相关事物的。现代数学家普遍认为，数学是模式的科学。“数学是在从模式化的个体作抽象的过程中对模式进行研究。”这种对模式进行的研究具有现实的有效性，能帮助解决现实问题。

恩格斯称数学是研究现实世界的空间形式和数量关系的科学。它产生于现实生活中的具体事物，又区别于具体事物。数学与一般自然科学的区别就在于，它研究的不是具体事物本身的特征，而是事物与事物之间的抽象关系，即数、量、形等。

一、幼儿数学教育的特点

1. 抽象性

数学是对现实的一种抽象，数学所描述的不是事物自身的特点，而是事物与事物之间的关系。1，2，3，4，5 等数字绝不是一些具体事物的名称，而是人类所创造的一个独特的符号系统。“数学是一种普遍的符号语言……它与对事物的描述无关而只涉及对关系的一般表达。”也就是说，数是对事物关系的一种抽象，即使是幼儿的数学教育，同样也具有抽象意义。例如，数字 5 可以表示 5 本书、5 栋楼、5 支铅笔等任何数量是 5 的物体，而且这里的数字 5 与是书还是楼房、铅笔等是没有关系的，也和书的大小、排列方式无关，无论横着排、竖着排，或者排成圆圈，它们的数量都是 5。也就是说，数量的属性不是事物本身所具有的属性（如楼的高矮、书的厚薄、铅笔的长短等），而是对这 5 本书、5 栋楼、5 支铅笔的关系加以抽象后所获得的属性，它反映的是数量为“5”的一个整体所有的属性。

幼儿所进行的加减运算也是抽象水平的运算。当幼儿能够理解 2 块巧克力和 3 块巧克力加在一起是 5 块巧克力时，仍不能视为他们已经理解了加减运算。也许当问到“2+3 是多少”时，幼儿表现出的是一脸茫然。这也说明他并没理解抽象的加减运算。

理解数学知识的抽象性并不是一件容易的事情。在整个学前阶段，幼儿对数学知识的理解都处于从具体到抽象的发展过程中。因此，幼儿学习的数学知识都只是初步的知识。

2. 逻辑性

数学知识不仅有抽象性的特点，而且有逻辑性的特点。例如，当我们说桌上有 5 支铅笔时，并不能从其中任何一支铅笔看到数量是“5”的这一属性，因为“5”这一数量属性存在于它们的相互关系中——5 支铅笔所构成的整体。幼儿对 5 支铅笔这一知识的获得也不是通过直接感知，而是通过一系列动作的协调，是通过手的动作和口的动作以及眼睛和大脑的协调而得到物体总数的。首先，幼儿手的动作和口的动作是相对应的，这就涉及逻辑关系中的对应关系；其次，幼儿口中数的数是有序的，而点物的动作也应该是连续而有序的，既不能遗漏，也不能重复，属于序的协调，这又涉及逻辑关系中的序列关系；最后，幼儿还要将所有动作合在一起，才能得到物体的总数，这还涉及逻辑关系中的包含关系。这些都是数学知识逻辑性的体现。

幼儿数学教育中关于数量多少的比较、数的加减运算等内容，也同样涉及各种逻辑关系。数学知识所具有的高度抽象性和逻辑性特点，决定了幼儿学习数学知识时不是一个简单记忆的过程，而是一个逻辑思考的过程。幼儿要掌握和获得数学知识，必须具备一定的逻辑思维能力，它是幼儿学习数学的重要准备。

3. 精确性

如果说数学是一种语言，那么，它就是一种精确的语言。数学语言追求的是精密性和确定性，它要求用简练、抽象的符号反映严密的逻辑推理，并获得确定的、量化的结果。例如，给幼儿分苹果的问题，如果不把它看作一个数学问题，那么，解决问题的方法有很多种，结果也会各不相同。但如果把它看作一个数学问题，如平分，其结果必然是确定的。所以，数学不同于其他学科的一个重要特点就是它用数量化的手段描述客观事物，它更多的不是强调开放的、发散的、富有个性的知识，而是强调逻辑性和精确性的知识。数学的精确性，使得人类能够更好地认识世界。

4. 应用性

虽然数学是一门抽象的、模式化的科学，但并不是说数学和日常生活中的事物没有关系。现实世界中的一切事物都具有一定的数量、形状和大小等特征，都可以用数学的工具来描述它们的特征及其关系。在科学技术日益发展的今天，从宇宙飞船上天到日常生活起居都离不开数学。数学已经渗透到科学技术、经济生活和现实世界中与人类生活息息相关的各个领域。数学是现代科学技术的基础和工具，我们每天都感受着现代科学技术带给我们的变化，“数字化”时代已日益展现在我们面前，数学的应用越来越广泛和深入，数学的应用性也得到了越来越多的体现。

对幼儿来说，数学同样可以成为解决问题的有效工具，他们可以用数数、加减运算、测量等数学方法解决游戏和日常生活中的简单问题。

二、幼儿数学教育的意义

1. 帮助幼儿正确地认识世界

生活中处处都有数学。幼儿每天接触的各种事物都和数、量、形息息相关，可以说不涉及数、量、形的事物在我们周围是难以找到的。例如，有几个不同的玩具，就涉及数；幼儿之间比较玩具的大小，实际上就是量的比较；通过搭积木，幼儿对不同的形状有了了解。总之，数学教育可以帮助幼儿更精确、概括地认识生活中的各种事物以及它们之间的关系。正是生活中的具体问题，为幼儿提供了学习数学的素材；反之，数学也帮助幼儿更好地认识、理解生活世界，促进幼儿的发展。也就是说，数学教育在幼儿的生活世界和数学世界之间架起了一座桥梁。因此，对幼儿进行初步的数学教育，既是幼儿生活的需要，又是他们认识周围世界的需要。正如科学家所说："从长远观点来看，数学的贡献在于使人们更好地理解这个世界。"

2. 促进幼儿思维能力的发展

学前儿童正处于具体形象思维为主，抽象逻辑思维开始萌芽的时期。数学本身具有的抽象性、逻辑性、精确性以及广泛应用性的特点，表明数学是一门培养和锻炼人的思维能力的基础学科，数学对幼儿的认知能力，特别是思维能力的发展有着特殊的价值和意义。数学不仅是人类一种独特的语言，同时也是一种独特的思维方式，即将具体的问题归结为模式化的数学问题，并用数学的方法寻找答案。例如，幼儿拿着 5 元钱去超市买商品，商品的价格有 1 元、2 元、3 元、4 元，买哪几件商品才能把钱用完？这虽然是一个普通的日常生活问题，但它可以归结为用数的组合知识来解决的问题。学习数学能够逐渐引导幼儿用数学的思维方式去发现、理解、思考周围的事物，运用数学的观点和方法解决身边的实际问题，获得数学的认知和探索方法。

国内很多心理与教育的实验和研究都证实了，早期的数学教育能够促进幼儿初步抽象思维能力和逻辑推理能力的发展。

3. 促进幼儿良好学习习惯和学习品质的形成

幼儿数学教育活动往往是有比较明确规则、要求的操作活动，其评价标准也比较客观、明确，这为培养幼儿的任务意识、规则意识，培养幼儿学习的积极性、主动性，为幼儿适应小学正规化的学习活动打下了很好的基础。幼儿在解决日常生活问题的过程中，逐渐形成了数学感和数学意识，体验到数学的价值和意义，在不断成功解决问题的过程中增强了自信心，感受并体验着其中的乐趣和快乐，进而产生对数学问题的兴趣。这种兴趣不仅是对数学知识的兴趣，更是对智力活动和思维活动的兴趣。幼儿数学教育可以为幼儿良好学习习惯和学习品质的形成开个好头，而良好的学习习惯和学习品质将为一个人的可持续发展奠定坚实的基础。

古往今来，数学都是一门重要的学科。教幼儿学习数学，是幼儿教育不可推卸的责任。也许他们将来不会成为数学家，不会去从事与数学有关的工作，但数学的学习使他们形成了一种思维习惯，并帮助他们解决日常生活中的具体问题。这一观点是与 20 世纪 80 年代开始兴起的"大众数学"的教育观念相一致的，即人人学有用的数学，人人掌握数学，不同的人学习不同的数学。

幼儿阶段的数学教育作为一种启蒙教育，其价值主要体现在培养幼儿基本的数学素养，包括对数学活动的兴趣、主动学习数学和运用数学的态度等。

第二节　幼儿数学教育的目标

幼儿数学教育目标是幼儿园教育总目标在数学领域的具体化，它指出了幼儿数学教育所要达到的预期效果。幼儿数学教育目标可以分解为幼儿数学教育总目标、幼儿数学教育的年龄阶段目标和幼儿数学教育的具体目标三个层次。

一、幼儿数学教育的总目标

综合《幼儿园教育指导纲要（试行）》和《3 ~ 6 岁儿童学习与发展指南》两个文件中有关幼儿数学教育目标的思想，现将幼儿数学教育的总目标概括如下。

1. 有关培养幼儿良好学习品质方面的目标

《幼儿园教育指导纲要（试行）》和《3 ~ 6 岁儿童学习与发展指南》两个文件中所提及的"对周围环境中的事物的数量、形状、时间和空间等感兴趣，有好奇心和求知欲，喜欢参加数学活动和游戏"，让幼儿"感知生活中数学的有用和有趣"，以及"幼儿在活动中表现出的积极态度和良好行为倾向是终身学习与发展所必需的宝贵品质。要充分尊重和保护幼儿的好奇心和学习兴趣，帮助幼儿逐渐养成积极主动、认真专注、不怕困难、敢于探究和尝试、乐于想象和创造等良好学习品质”，均是有关培养幼儿良好学习品质的目标。

学习品质不同于具体的学习内容，似乎看不见、摸不着，但是它比知识、技能的学习有着更加深刻、长远的意义。

《幼儿园教育指导纲要（试行）》中的数学教育目标

教育部2001年7月颁布的《幼儿园教育指导纲要（试行）》对科学领域的教育目标表述如下。

第一，对周围事物、现象感兴趣，有好奇心和求知欲。

第二，能运用各种感官，动手动脑，探究问题。

第三，能用适当的方式表达、交流探索的过程和结果。

第四，能从生活和游戏中感受事物的数量关系并体验到数学的重要和有趣。

第五，爱护动植物，关心周围环境，亲近大自然，珍惜自然资源，有初步的环保意识。

以上是科学领域所追求的发展目标。幼儿园数学教育作为科学领域中的一个重要部分，第一至第四条的目标均与幼儿数学教育有关。这些目标的表述传达了如下重要思想。

1. 强调兴趣和求知欲的培养。将幼儿对数学的兴趣、好奇心和求知欲作为首要目标，并要求其在学习过程中要让幼儿“体验到数学的重要和有趣”。

2. 淡化知识学习，注重学习过程，强调培养幼儿探究和解决问题、表达和交流的能力。

3. 重视数学对发展幼儿思维能力的价值。《幼儿园教育指导纲要（试行）》指出，应引导幼儿从生活和游戏中“感受事物的数量关系”，因为数量关系是幼儿数学教育内容中起着发展思维作用的核心部分。

《3～6岁儿童学习与发展指南》非常重视对幼儿良好学习品质的培养，认为这是幼儿一生可持续发展的基础。为了实现这一目标，应该在幼儿感兴趣的、积极的探索活动中，逐渐培养幼儿对数学学习活动本身以及相关学习活动的兴趣和好奇，使他们喜欢学习、热爱学习、学会学习。此外，在数学教育活动中，还应该培养幼儿积极思考、认真专注、克服困难、动脑筋想办法解决问题、与同伴共同游戏等良好品质。

《3～6岁儿童学习与发展指南》中的数学教育目标

教育部2012年9月颁布的《3～6岁儿童学习与发展指南》把“数学认知”作为科学领域的一个子领域，对其明确提出了以下三个方面的目标。

1. 初步感知生活中数学的有用和有趣。

2. 感知和理解数、量和数量关系。

3. 感知形状和空间关系。

与《幼儿园教育指导纲要（试行）》的精神相一致，《3～6岁儿童学习与发展指南》将培养幼儿对数学的兴趣作为首要目标。同时也强调幼儿的数学学习与生活的联系，以及对数量关系、空间关系的理解。

2. 有关培养幼儿学习数学知识方面的目标

“能从生活和游戏中感受事物的数量关系、空间关系等，获得有关数、量、形、时间、空间等的感性经验，体验到数学的重要和有趣”是有关培养幼儿学习数学知识方面的目标。这一目标指出了幼儿应该学习哪些数学知识经验，幼儿获得的数学知识经验有什么性质，以及幼儿是怎样获得的。

（1）幼儿学习的数学知识包括对数、量、形、时间、空间等的感性经验，并逐步形成一些初步的数学概念。这与其他年龄阶段的数学教育有着根本的不同。幼儿获得的数学知识是经验性的、具体的知识，建构的是初级的数学概念，这种数学概念是幼儿从具体的实际经验中归纳出来的，是建立在表象水平上的概念。例如，幼儿对三角形概念的获得就是在多次看到、摆弄各种三角形的物体，感知不同形态的三角形的基础上，分析、概括出三角形的基本特征的。

（2）幼儿所获得的这些有关数、量、形、时间、空间等的感性经验，是在生活中与环境的交互作用中获得的。幼儿数学知识的获得不可能由成年人直接传授，而是必须让幼儿在与环境的相互作用中学习和掌握。新的知识观认为，知识是一种关系体系，是“主体通过与环境相互作用而获得的信息及其组织”。知识具有动态性、过程性，幼儿知识的获得是在与环境的相互作用过程中逐步建构并不断发展的。例如，幼儿在多次点数插片时会发现，插片的数目与插片的摆放形式是没有关系的，无论是横排摆放还是竖排摆放，无论是摆成圆形还是摆成正方形，只要在点数的时候不重复、不遗漏，插片的数目就不会改变。从这里可以看出，幼儿对数的掌握是在多次点数、摆放、拿取实物的过程中获得的。

（3）在生活和游戏中感知、体验数学知识的同时，让幼儿感受到数学的有用和有趣。幼儿在学习数学知识的过程中，逐步建立了对数学的兴趣，产生了对数学的积极情感和态度。

图1-1是让幼儿找出另一半的活动练习图片，上面既有幼儿熟悉的水果图案，又有奇形怪状的不规则图案。这是非常有意思的幼儿数学活动，在活动中幼儿既体验到了学习数学的乐趣，又提高了参与数学活动的兴趣。

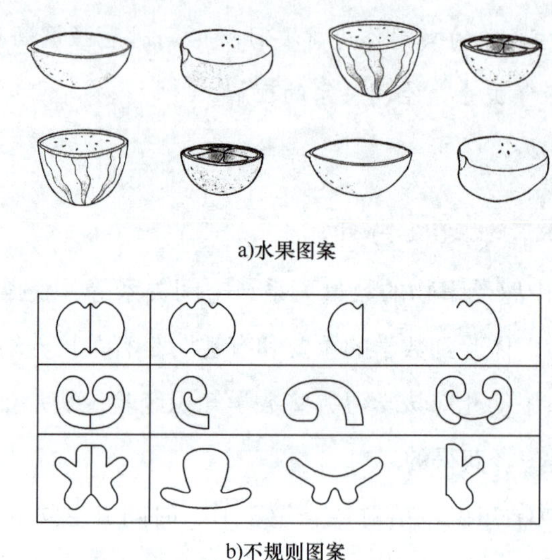

a)水果图案

b)不规则图案

图1-1　找出另一半

3. 有关培养幼儿认识能力、发展幼儿思维能力方面的目标

“学习用简单的数学方法解决生活和游戏中的某些简单的问题，能用适当的方式表达、交流其操作和探索问题的过程和结果”是有关培养幼儿认识能力、发展幼儿思维能力的目标。

从这一目标中可以看到，在幼儿的数学教育中要充分重视幼儿认知能力的发展，尤其是思维能力的发展。“学会认知”是当今基础教育的一个重要目标，重视认知能力的发展远比获得知识更重要。幼儿在初步形成数学概念的过程中，需要对操作的材料、出现的数学关系进行充分的观察、思考、比较等思维过程，才有可能获得相关的数学概念。上述过程对幼儿的观察力、记忆力、想象力，尤其是对思维能力的发展有着积极的促进作用。图 1-2 是让幼儿写出小动物们的电话号码的活动练习图片，可是图片上小动物们的电话号码都用图形表示，所以幼儿首先要找出与该图形对应的数字，再写出它们的电话号码。

图 1-2　写出小动物们的电话号码

这一目标还提出，用适当的方式表达、交流其操作、探索过程和结果，允许和鼓励每个幼儿表达自己的数学思维过程，把自己在数学操作活动中的感受、体验以语言的形式表达出来。这不仅加深了幼儿对数学现象、数量关系的感受和体验，而且也使幼儿的认识得到升华，学会分享别人的感受和体验。

4. 有关培养幼儿良好学习习惯、遵守活动规则行为方面的目标

“会正确使用数学活动材料，能按规则进行活动，有良好的学习习惯，愿意参加集体游戏等”是有关培养幼儿良好学习习惯、遵守活动规则的行为目标。

数学知识是抽象的，因此，对于思维水平较低的幼儿来说，必须要借助于数学材料，在摆弄、操作数学材料的过程中，去感受和认识其中的数学关系。例如，幼儿学习“比较物体的多少——兔子和胡萝卜哪个多，哪个少”时，要求幼儿将画有兔子的卡片一张一张地排列整齐，摆成一排，然后将画有胡萝卜的卡片一对一地摆放在兔子卡片

下面，即要求幼儿一一对应地摆放。只有学会了一一对应地摆放物体，才能更好地理解“每只小兔子都有一根胡萝卜吃”，最后得出“小兔子没有了，胡萝卜也没有了，小兔子和胡萝卜一样多”的结论。也就是说，幼儿只有掌握了操作技能后，才能正确使用操作材料，从而获得相关数学关系的感知和认识。

培养幼儿良好的学习习惯，不仅对幼儿阶段的学习有重要的意义，而且对幼儿今后学习的影响也是巨大的。幼儿的数学教育活动离不开活动材料的使用，并且活动材料的操作要遵循一定的规则。幼儿对操作规则的理解和遵守具有双重意义，它不仅是完成数学操作活动的保证，也是其他学习活动所要求的行为准则。幼儿园开展的相关教育活动有助于幼儿良好学习习惯的形成。

二、幼儿数学教育的年龄阶段目标

1. 小班数学教育目标

（1）愿意参加数学活动，喜欢摆弄、操作数学材料，能在教师的帮助下按要求取放操作材料和进行活动。

（2）对生活中常见的各种物体的大小、形状、数量有兴趣，能感知5以内的数量。

（3）能按物体的外部特征进行分类。

（4）能按量（大小、长短）的差异进行4以内的排序，能发现物体排列的简单模式，会模仿。

（5）能认识一些常见的几何图形。

2. 中班数学教育目标

（1）能专心地进行数学操作活动，对自己的活动成果感兴趣；愿意并学习用适当的方法表达、交流自己操作、探索的过程和结果。

（2）能自己选择数学活动内容和按规则参与活动。

（3）能按物体的两种特征和数量进行分类。

（4）能注意周围环境中物体的数量、形状、物体量的差异，以及它们在空间的位置等。

（5）能比较、判断10以内物体的数量多少，能感知10以内相邻两数的大小关系。

（6）能按量（粗细、高矮等）的差异进行7以内的正逆排序，能发现和描述物体或图案排列的简单模式，能设定简单规则排序。

（7）能搭拼和分解常见的几何形体。

3. 大班数学教育目标

（1）能积极、主动地进行数学活动，遵守活动规则，能有条理地摆放、整理数学活动材料。

（2）能用自创的或约定的符号记录、表达、交流自己操作、探索的过程和结果。

（3）能倾听教师和同伴的讲话；能在教师的帮助下归纳、概括有关的数学经验，感受、体验生活和游戏中事物的数量关系。

（4）能运用对应、计数、分类、统计、测量等简单数学方法解决生活和游戏中的某些问题。

（5）能根据物体的两种特征和从事物的多个角度进行分类。

（6）能按量（长短、大小、粗细、高矮等）的差异和数量的不同进行 10 以内正逆排序，初步体验序列之间的传递性、双重性和可逆性关系。

（7）能对实物和图形进行等分，能进行简单的自然测量。

（8）能以自身为中心和以客体为中心区分左右。

（9）认识时钟，会看整点、半点；会看日历，知道年、月、星期的名称和顺序。

（10）认识一些常见的立体图形，对平面图形的关系有所感受。

三、幼儿数学教育的具体目标

数学教育活动目标应提得具体、可以操作。通常在表述数学教育活动目标时，可以从教师角度出发提出发展目标（如培养幼儿数数能力），也可以从幼儿角度出发提出发展目标（如学习 10 以内的数数），还可以从评价的角度出发提出评价目标（如能手口一致地点数 5 以内的实物）。为了让教师在教育活动中将注意的焦点集中在关心幼儿变化、研究幼儿发展上，在制订教育目标时应尽可能采用发展目标来表述。这样教师能够从幼儿在活动中的行为变化观察目标是否达到，从而使教师能及时地诊断、评价幼儿的发展情况，并依据对这一活动的评价设计后面的教育活动，提出相应的、更适宜幼儿发展的教育目标。

数学教育活动目标的提出还应与活动的知识内容紧密相关。也就是说，教师在引导幼儿学习某一知识内容时，应充分调动幼儿的积极性和主动性，让幼儿在活动中通过自己的探索和发现获得有关的数学经验。在探索和发现的过程中，幼儿的认识能力、情感与态度等也能得到相应的发展。

此外，数学教育活动目标还要与数学教育总目标、年龄阶段目标相一致，这样才能使幼儿在数学教育活动中获得更好的发展。

第三节　幼儿数学教育的内容

幼儿数学教育的内容是指幼儿教育机构传授给幼儿的数学内容、数学表现形式和数学运用方式的总和。幼儿数学教育的内容可以按年龄阶段和具体教育内容划分。

一、幼儿数学教育内容的选择

1. 幼儿数学教育内容选择的原则

《幼儿园教育指导纲要（试行）》对教育活动内容的选择提出了以下几个原则。

第一，既适合幼儿的现有水平，又具有一定的挑战性。

第二，既符合幼儿的现实需要，又有利于其长远发展。

第三，既贴近幼儿的生活来选择幼儿感兴趣的事物和问题，又有助于拓展幼儿的经验和视野。

选择幼儿数学教育的内容是一项科学性很强的工作。它既要符合我国对幼儿教育提出的促进幼儿全面和谐发展的要求，又要考虑学科本身的特点和幼儿认知发展的规律。

在以上原则中可以清晰地感知到教育的价值所在。教育的价值就是引导并促进幼儿全面和谐发展，否则，教育就失去了意义。这里的发展不仅是指知识的丰富、能力的提高，而且更强调态度、兴趣、求知欲、审美等多方面品质的改善以及良好行为习惯的形成。

幼儿的教育不仅要有利于幼儿当前的学习，也要有利于他们升入小学以后的学习，更要有利于他们长远的、终身的发展。

2. 幼儿数学教育内容选择的要求

幼儿数学教育的内容是实现幼儿数学教育目标的重要保证，也是对幼儿进行数学教育的依据。因此，幼儿数学教育内容的选择除了要遵循以上原则外，还应考虑以下几项要求。

（1）幼儿数学教育内容的启蒙性

幼儿数学教育内容的选择有助于幼儿在日常生活中正确地认识周围的客观事物。因为对幼儿进行数学教育的目的是很明确的，主要是让幼儿掌握一个了解和认识世界的工具，而对数学知识本身的学习则不是这一年龄阶段的主要目的。因此，在选择数学教育的内容时，必须注意内容的启蒙性特点。

幼儿数学教育的启蒙性就是幼儿应对这样的数学知识有所感知、有所体验。幼儿期获得的感性知识都是一些简单的数学初步知识，而不是对数学的某一内容形成的科学概念。所以，幼儿数学教育的内容不仅有感知 10 以内的数和 10 以内的加减法，还有常见的量、简单的几何形体和初步的时间、空间概念等。这些内容涉及数学学科的多个方面，但从教育的内容和要求上讲，都是数学的启蒙教育。例如，幼儿在认识几何图形时，是在大量感知物体形状的基础上，区分并辨认各种常见的几何图形，并说出它们的名称。

（2）幼儿数学教育内容的生活性

幼儿数学教育内容的选择应该与幼儿的实际生活紧密相连。所选的内容应该是幼儿所熟悉的，同时也应该是幼儿所能理解的，要让他们能够感到数学可以解决他们在日常生活中遇到的问题。

在幼儿生活的环境中，各种物体都包含着大量的数学信息。例如，平时玩的积木有的是正方体的有的是圆柱体的，娃娃家的活动区最多能容纳 5 个人，每年的 6 月 1 日是儿童节，手绢是正方形的，等等。幼儿正是在与物的接触和人的交往中获得了有关数学的感性经验。

在幼儿的数学教育中，要有意识地充分利用周围的环境，使数学教育渗透到幼儿的日常生活中。例如，进餐前请幼儿摆放餐具，学会一对一地摆放物体，理解一一对应的关系；游览、散步时引导幼儿观察并数一数有几棵杨树、几棵柳树；让幼儿辨认哪些物体上有数字，这些数字都表示什么意思；请幼儿说出平时自己乘坐几路公共汽车以及汽车站上的数字、所住楼层及房屋的门牌号码、所看书的页码、常用的报警电话号码是多少等。

幼儿数学教育的内容如果能与幼儿的生活实际联系起来，不仅会让幼儿感到学习的内容是他们熟悉的，能够激发他们的学习兴趣，而且还会使幼儿感到数学就在他们身边，数学是很有用的，使他们更加注意发现周围环境中许多与数学有关的事物和现象，加深他们对周围环境的了解和认识。

（3）幼儿数学教育内容的系统性

在强调幼儿数学教育具有启蒙性特点的同时，也应注意数学知识的系统性和逻辑性以及幼儿认知的特点。幼儿数学教育无论是目标的确定、内容的选择和安排还是方法的使用，都应遵循数学知识的逻辑性和幼儿对数概念的认知和发展规律。幼儿对数概念的认知和发展规律应该是幼儿数学教育内容选择的重要依据，也是幼儿数学教育科学性的具体体现。所以，在幼儿数学教育内容的选择和安排上，应体现先易后难、循序渐进、前后联系等特点。

这里需要注意的是，虽然幼儿数学教育内容的选择和安排以及方法的使用要考虑系统性的特点，但绝不应将这一教育成人化、书本化、正规化，幼儿的数学教育应在游戏和生活中进行。

知识卡

幼儿学习的特点

1. 幼儿通过感官与具体经验学习

成人很容易通过视、听去认知某一事物或抽象概念，但对幼儿而言，除了眼、耳之外，还必须借助于触觉、味觉、嗅觉等感官，亲自操作、尝试、摸索得到的具体经验才有意义。

2. 幼儿的学习会有很多限制

幼儿的认知、体能、语言表达、社会技巧等能力的发展都是渐进的，经过学习而不断积累、发展、成型。因此，提供给幼儿的学习内容要考虑他们的发展和能力，而且最好是他们经常会接触到的生活经验或事物。

3. 幼儿是积极主动的学习者

好奇心和想象力是幼儿主动学习的动力。为了激发他们的学习兴趣，利用玩具和游戏寓教于乐，是幼儿最容易接受、最乐意参与的一种学习模式；而幼儿每一次玩，都可能有不同的玩法、不同的点子，这就在无形中培养了幼儿灵活的想象力和创造力。

二、不同年龄阶段幼儿数学教育的内容

1. 小班数学教育内容

（1）学习按物体的某个特征进行分类。

（2）感知物体量的差异，学习按物体的某一特征进行排序。

（3）认识“1”和“许多”及它们之间的关系。

（4）学习用一一对应的方法比较两组物体的数量，感知多、少和一样多。

（5）学习手口一致地从左到右点数 5 以内的实物，并能说出总数；能按实物范例和指定数目取出相应数量的物体，学习一些常用的量词。

（6）认识圆形、正方形、三角形。

（7）初步理解早晨、晚上及白天、黑夜的含义，并学习正确运用这些词汇。

（8）学习区分和说出以自身为中心的上下方位；学习判断两个物体之间的上下关系，说出什么在上面，什么在下面。

（9）学习按照游戏规则进行活动，大胆回答问题；学习用语言表达操作活动的过程和结果。

（10）愿意参加数学活动，喜欢摆弄、操作数学活动材料，在教师的帮助下学习按要求拿取、摆放活动材料。

（11）在教师的指导下，熟悉周围环境中物体的形状和数量。

2. 中班数学教育内容

（1）认识 10 以内的数字，理解数字的含义，会用数字表示物体的数量。

（2）学习目测数群；学习不受物体空间排列形式和物体大小等外部因素的干扰，正确判断 10 以内的数量；感知和体验 10 以内自然数列中相邻两个数的数差关系；学习 10 以内的序数。

（3）认识长方形、梯形、椭圆形。

（4）学习用各种几何体（如积木或积塑）进行拼搭和建造活动。

（5）学习概括物体（或图形）的两个特征，学习按物体的某一特征和数量进行分类。

（6）学习按物体量（高矮、粗细、厚薄等）的差异进行正逆排序，学习按一定的规则排列顺序。

（7）能听清楚教师所讲的话，能按照要求进行活动，并学习按照要求检查自己的活动。

（8）能安静地倾听教师讲话，练习讲述自己的操作活动和过程。

（9）观察、比较、判断 10 以内的数量关系，逐步建立等量观念；运用已有知识经验解决问题，学习新知识。

（10）初步理解昨天、今天、明天的含义，知道它们之间的关系，学会正确运用这些时间词汇。

（11）学习区分和说出以自身为中心的前后方位，学习区分和说出物体之间的上下、前后位置关系，学习按指定方向运动。

（12）能根据各个小组的活动情况确定自己去哪个小组参加活动，在日常生活中，喜欢参加数学游戏。

（13）能主动、专心地进行数学操作活动，并对自己的活动成果感兴趣；能注意和发现周围环境中物体量的差异、物体的形状以及它们在空间的位置等。

3. 大班数学教育内容

（1）进一步按数群数数。

（2）学习 10 以内数的分解和组成，体验总数与部分数之间的包含关系、部分数与部分数之间的互补关系和互换关系。

（3）学习 10 以内数的加减运算，认识加号、减号，初步理解加法、减法的含义；会解答简单的加减应用题，感知和体验加减互逆关系。

（4）学习按物体的两个以上特征或属性进行分类，学习按两个基本特征在表格中摆放图形。

（5）学习按物体量的差异和数量不同进行 10 以内正、逆排序，初步体验序列之间的传递性、双重性及可逆性关系。

（6）认识几种常见的立体图形（如正方体、长方体、球体、圆柱体），能根据图形的形体特征进行分类；体验平面图形和立体图形之间的关系。

（7）学习等分实物或图形，学习自然测量。

（8）学习以自身和客体为中心区分左右，会向左右方向运动；在日常生活中，能注意自己（或物体）在空间的位置和运动方向。

（9）能认识时钟，会看整点、半点；学会看日历，了解从星期一到星期日的名称和顺序；学习一些表示时间的词汇；在日常生活中，知道要珍惜时间。

（10）认识人民币，能说出它们的单位名称，知道它们的价值是不同的。

（11）能听清楚若干操作活动的规则，能按规则进行活动，并能按规则检查活动的过程和结果；能清楚地讲述操作活动过程和结果，并能参加较多小组的活动。

（12）能在教师的帮助下归纳、概括有关的数学经验，学习从不同角度、不同方面观察与思考问题，能通过观察、比较、类推、迁移等方法解决简单的数学问题。

（13）积极、主动地参加数学问题的讨论，学习有条理地摆放、整理活动材料。

（14）能与同伴友好地进行数学游戏，能采取轮流、适当等待、协商等办法协调与同伴的关系。

三、幼儿数学教育的具体内容

1. 集合、对应与分类

在幼儿数学启蒙教育中，以具体集合概念和一一对应作为感性基础，利用幼儿已有的生活经验和周围环境，将集合观念渗透在属性等方面并先于数教育，不仅有利于幼儿形成数概念，同时更有利于幼儿理解知识，促进幼儿思维能力的发展。

对应是比较两组物体的数量是否相等的最简便、最直接的方式，是物体的普遍规律之一。引导幼儿在活动中感知、理解对应的具体意义，在多种形式的操作活动中尝试对应、一一对应方法的运用，并借助于这种逻辑方法比较两组物体的数量是否相等，能为将来理解和认识数概念打下坚实的基础。

分类是把具有共同特征的物体进行分组的过程。瑞士心理学家皮亚杰（Jean Piaget）认为，分类活动是智力活动的重要组成部分，分类能力是衡量幼儿智力的一个重要标志，是理解、认识数概念的准备活动。幼儿期主要是学习按物体的 1 个（或 2 个）外部特征对物体进行分类，按物体的特征进行多角度及多层次的分类。

2. 数、计数和数的运算

数是一个高度抽象的概念，可以代表任何事物的数量。在幼儿期主要是让幼儿通过操作具体的材料感知、理解、认识 10 以内的自然数和零，理解数的实际意义和数与数之间的数差关系（即“大 1”或“小 1”的关系），知道“没有”可以用“0”来表示；认识序数，能用自然数表示物体排列的次序，说出某一物体排在“第几”；认识 10 以内数的组成和分解，感知和体验一个数和它分解后的两个部分数之间的关系，以及部分数之间的互换和互补关系。

计数即数数，就是让幼儿运用各种感官认识，学会手口一致地点数实物并说出总数，认读和书写 10 以内的阿拉伯数字。

数的运算在幼儿期主要指的是 10 以内的加减运算。通过感知、认识和理解加号、减号、等号的意义，学习 10 以内的口头加减运算，应用加减法解决实际生活中的简单问题。

数、计数和数的运算与人们的生活密切相关。让幼儿用简单的数学方法解决生活和游戏中的一些简单问题、亲历解决问题的探究过程、获得真实的认识和体验，有助于激发幼儿对数学的兴趣和探究数学的欲望，有助于幼儿感知、理解周围事物中存在的数量关系，有助于幼儿对加减互逆关系和加法交换关系的感知，有助于幼儿运用、理解和学习数学。

3. 几何图形

几何图形是人们用来确定物体形状的标准形式，物体的形状在几何图形中都能得到概括和反映。幼儿在日常生活中接触、感知了许许多多物体的形状，积累和丰富了他们的感性经验和认识，这不仅有助于幼儿辨识常见的几何图形、理解空间观念，还有助于幼儿观察力、想象力和创造力的发展。

4. 量和计量

任何物体都具有一定的量，量是事物所具有的能区别事物之间差异的性质。事物的多少、大小、长短、高矮、粗细、宽窄、厚薄、轻重等特征差异，可以通过事物的量表现出来。物体的量是幼儿经常接触的，因而也是幼儿需要学习的。幼儿在认识、区别、比较物体量差异的同时，也感知、体验到量的相对性，这不仅有助于幼儿理解序的概念，还有助于幼儿解决生活中的实际问题。

计量是指把一个未知的量同另一个作为标准的、约定的已知量作比较的过程。幼儿期主要是学会简单测量，即用各种自然物，如纸条、小棍、绳子、空瓶等作为计量单位去测量物体的长度、高度、体积等。幼儿学习计量的意义在于他们可以运用已有的数的知识进行测量，亲身体验把整体分解成部分，搞清楚部分与部分置换的运算关系等，为学习计数做好心理准备。

排序是指根据物体的差异按一定的次序或规则进行排列。在幼儿期主要学习按物体量的差异排序及按物体的某一特征或规律排序。排序是在分类的基础上进行的。排序活动能够帮助幼儿从另一个角度（序列的角度）观察事物、辨别物体之间的差别，能感受并理解量的相对性，感受量的守恒，学习自然测量等，培养幼儿思维的敏捷性、灵活性，促进幼儿观察、比较、判断及推理能力的发展。

5. 时间和空间

时间缺乏直观形象性，是抽象的，但幼儿很早就对时间产生了兴趣。生活经验是幼儿感知和理解时间概念的基础。在日常生活中要注意引导幼儿关注、体验、理解时间，这不仅有利于幼儿树立良好的时间观念和生活习惯，还有助于幼儿理解时间概念和时间关系。幼儿应学会区分早晨、晚上，白天、黑夜，昨天、今天、明天，知道一个星期七天的名称及其顺序，认识时钟并会看整点和半点。

空间是物体存在的一种客观形式。任何物体都存在于一定的空间之中，并且和周围的其他物体存在着空间上的相互方位关系，一般用上下、前后、左右等表示。对于幼儿，主要是让他们在日常生活和游戏中感知、理解和运用简单的方位词，理解方位概念的相对性、变化性。

时间和空间都是比较抽象的概念，但它们又是幼儿日常生活中经常接触的不可回避的概念。对幼儿进行初步的时间和空间方面的教育，对于发展他们对时间和空间的知觉能力、帮助他们更好地适应日常生活具有重要意义。

1. 谈谈你对幼儿数学教育的认识。
2. 结合实际谈谈你对“数学是思维的体操”的理解与认识。
3. 选择某一数学教育活动，对其目标和内容进行分析。

第二章
幼儿数学教育活动

学习目标

- 明确幼儿数学教育的主要类型，了解各种类型的主要特点
- 掌握幼儿数学教育活动的设计与指导要点
- 掌握幼儿在日常生活和活动区数学教育活动的设计与指导要点

第一节　幼儿数学教学活动

幼儿的教育活动，是指以多种形式有目的、有计划地引导幼儿生动、活泼、主动活动的教育过程。幼儿数学教育活动的主要方式是幼儿数学教学活动。

一、幼儿数学教学活动的特点

1. 具有目的性、计划性和组织性

数学教学活动是进行幼儿数学教育活动的重要形式之一，其特点是在活动之前要经过缜密的筹划，不能偶发和随机。在进行幼儿数学教学活动之前，首先要依据教育目标、幼儿已有发展水平以及幼儿的兴趣、需要，制订本次活动的具体目标，选择相应的

教学内容、教学方法和活动的组织形式。也就是说，在进行教学活动之前，教师首先要制订完整的教学计划。但在实施过程中，教师完全可以根据教学过程中出现的新情况、新问题，调整或更改计划中的某一环节，但就整个计划来讲，是教师事先制订好的。

案例

活动名称

双条件家族（中班）

活动目标

1. 在教师的引导下，能注意周围环境中物品的形状和数量。

2. 学会概括图形的某两个特征，并按这两个特征对图片和物品进行分类。

活动准备

教室中的物品、交通工具图片、幼儿练习卡。

活动过程

1. 教师出示交通工具图片，问幼儿这些图片可以怎样分类。每一种分法分出来的交通工具都可以成为一个家族，如2个轮子的家族、4个轮子的家族、动物交通工具家族等。

2. 举例说明两个条件的含义，如轮子和颜色、车门和轮子等都算是两个条件，让幼儿理解按两个特征分类的意思。

3. 请幼儿找一找教室里既是红色又是圆形的东西（如插片、苹果、图形卡片等）。

4. 请幼儿看幼儿练习卡，想一想这些卡片可以怎样分（如分成动物家族、4只脚家族、2只脚家族等）。

5. 请幼儿找一找哪些卡片上既是2只脚又是动物，并将符合条件的卡片圈起来。

这是一个较为典型的幼儿数学教学活动计划，是让幼儿感知逻辑关系，发展幼儿的观察能力、思维能力的一个教育活动。分类就是把相同属性的物体归并在一起。分类可以是单一标准，也可以是多重标准。在师幼的互动中、在摆弄操作材料的过程中，使幼儿充分感知、体验、探索；在教师的指导下，幼儿从数学的角度去观察周围的物体、关注物体的形状和数量；在活动中，促进幼儿逻辑思维能力的发展。

2. 具有游戏性

幼儿的兴趣和需要是他们学习的内在动力，幼儿在学习过程中能做的只是与他们兴趣相投的事情。虽然幼儿数学教学活动的计划是教师依据教育目标事先制订的，但在计划制订过程中，往往会对幼儿的兴趣、需要关注不够。解决这一问题最好的办法，就是教师将制订的教育目标转化为幼儿自己需要的教育内容，以激发幼儿的学习兴趣和求知欲，使他们积极主动地参与到活动中。

教师平时应注意观察幼儿的兴趣，在日常生活中捕捉有价值的信息，发现幼儿的需要以及他们遇到的问题；把幼儿熟悉的、喜闻乐见的一些游戏活动，依据数学教育的目标、要求，改变其规则；通过音乐游戏、体育游戏以及游戏化的情节等，调动幼儿的情感力量，激发和强化幼儿的兴趣，使幼儿在轻松愉快的气氛中学习、探索，获得最佳的教育效果。

案例

活动名称

小鸡找家（小班）

活动目标

能够区分圆形、三角形、正方形。

活动准备

用积木搭建的三只小鸡的家，不同的几何图形贴纸。

活动过程

在积木上分别粘贴不同的几何图形贴纸作为家的标记。教师扮演鸡妈妈，一名幼儿扮演狐狸，其余幼儿的胸前粘贴不同的几何图形贴纸扮演小鸡。鸡妈妈带着小鸡在草地上边玩边唱儿歌。

小小鸡，叽叽叽，
尖嘴巴，圆身体。
身上穿着绒毛衣，
爱吃小虫爱吃米。

儿歌唱完后，扮演狐狸的幼儿大声喊：“狐狸来了！”随即，狐狸开始捕捉小鸡。鸡妈妈要求小鸡分别回到自己的家。（幼儿按照胸前所粘贴的图形找对应家的标记就算回到家。狐狸不能捉回到家的小鸡。）

游戏结束时，数一数有几只小鸡找错了家，然后把他们送回家，再数一数狐狸捉到了几只小鸡。

幼儿交换卡片，重复游戏过程。

游戏是幼儿的基本活动，更是幼儿喜欢的活动形式。在活动中，幼儿不仅感知着图形之间的不同，而且培养了学习兴趣，激发了学习欲望。

3. 具有可操作性

幼儿的数学学习是在操作活动中进行的，幼儿只有通过亲自操作、摆弄材料进行探索和体验才能将其掌握。操作活动解决了数学知识的抽象性和幼儿思维的具体形象性之间的矛盾。应该说，无论是集体活动形式还是小组活动形式，幼儿的操作活动都是幼儿数学教学活动的基本部分。这是因为幼儿动手操作活动材料，与材料发生相互作用，是幼儿学习数学的主要方式。因此，在幼儿数学教学活动中，教师应注意以下问题。

（1）尽量提供多层次、多功能、多变化的材料，供幼儿能经常、自由地选择和运用，以满足不同幼儿的需要。

（2）所提供的材料能吸引幼儿的注意，激发幼儿的兴趣，便于幼儿操作。

（3）提供有关数量、形状、时间、空间方位等多项内容的材料时，材料要体现数概念的属性特征。

在幼儿进行操作活动时，教师要注意观察，并对幼儿进行个别指导；给幼儿充分的操作时间，让他们在摆弄、拆拼材料的过程中充分感知、体验和探索。

4. 具有被指导性

幼儿在与物的接触和与人的交往中，获得了一些关于数学的感性经验，同时也学会了在日常生活中运用这些经验解决生活中出现的问题。但这些经验往往是零散的、片段的，有时甚至是表面的数学经验，并不能使幼儿感受到有关数概念的本质属性。要使幼儿建构一些初步的数概念，并促进幼儿思维能力的发展，教师必须给予指导，启发幼儿感受生活中的数学现象，帮助幼儿归纳、整理零散和无系统的感性经验，将物体的数量、形状特征、事物之间的数量关系鲜明地凸显出来，使幼儿注意到物体的这些特征，感受到蕴含于物体中的数量关系，从而帮助幼儿形成初步的数概念。

幼儿数学教学活动正是一种有目的、有计划的活动，无论是采用集体活动形式还是小组活动形式，都有利于教师对幼儿的学习活动进行直接指导，帮助他们获得一些粗浅的、必要的数学知识；而且集体活动、小组活动的形式还有利于幼儿之间互相学习和影响，他们可以进行交流、对话，每个幼儿都可以从同伴那里获取相关的经验。

另外，幼儿数学教学活动也比较适合当前我国相当一部分幼儿园存在的班级人数较多，各方面条件还不理想的现状。

二、幼儿数学教学活动的组成

幼儿数学教学活动一般包括活动名称、活动目标、活动准备、活动过程四个部分，有时还包括活动建议和活动延伸等部分。

1. 活动名称

活动名称是指幼儿数学教学活动的名称。一般来讲，活动名称有两种确定方法：第一种是按幼儿数学教学活动的内容要求，用数学术语确定名称，如“认识 6 的实际意义”“认识整点、半点”“比较轻重”等；第二种是按活动内容或选用的材料，用生活语言确定名称，如“送小动物回家”（其目标是让幼儿通过游戏进一步感知和区分正方形、圆形、长方形、椭圆形以及了解它们的特征等）、“给数字找朋友”（其目标是让幼儿学习按数字匹配实物，让幼儿能不受物体的大小、颜色、摆放形式等的影响，正确感知、把握物体的数量）、“数字花”（其目标是让幼儿体验 5 的实际意义，5 都能表示什么）等。

使用第一种方法确定活动名称，缺乏生活气息，比较成人化，一般中、大班的活动内容不容易用生活语言表达时，才选用这种形式来确定活动名称。使用第二种方法确定活动名称，更贴近幼儿的生活，更富有生活气息，也更有童趣。

2. 活动目标

活动目标是指幼儿数学教学活动所要达到的具体教育效果。活动目标一般包括幼儿学习的内容要求及幼儿行为习惯的养成要求两个方面。一个幼儿数学教学活动的活动目标应该是具体且可操作的，现举例说明，见表 2–1。

表 2-1 幼儿数学教学活动名称与活动目标

活动名称	活动目标
给图形找家 （小班）	1. 感知图形，辨别图形 2. 对图形产生积极的兴趣
树的一家 （中班）	1. 知道物体的排列是有顺序的 2. 认识序数的方向性
复习 5 的组成 （大班）	1. 复习5的组成，知道把5分成2份有4种不同的分法 2. 引导初步感知数的分合的有序性（如将5分成1和4、2和3、3和2、4和1） 3. 引导积极参与评议活动，能够大胆地发表自己的意见
我们的鞋子放哪里 （大班）	1. 学会按物体的特征分类 2. 学会准确地数数，并比较数目的多少 3. 学会看统计表，并初步学习制作统计表
比较物体轻重 （大班）	1. 学会用自然测量的方法比较两个物体的轻重，知道物体具有轻重不同的特征 2. 能比较判断出三个物体中哪个最轻、哪个最重，并能试着说出为什么 3. 激发探索的欲望，促进思维的发展

3. 活动准备

（1）对幼儿已有经验的了解和准备

这主要是指教师对幼儿发展水平及活动水平的了解，做到对幼儿活动水平、能力、需要等心中有数，知道他们还缺少什么经验，创设什么样的环境、条件可以帮助幼儿解决问题、完成任务、获得学习经验。

例如，在“数物拼板”的教学活动中，幼儿要完成这一任务，需要具有以下的经验：能正确感知 10 以内事物的数量，并能说出总数；认识 1~10 的数字，知道每一个数字可以表示相应物体的数量；会按从小到大的顺序排列 1~10 的数字；会按从少到多的顺序排列 1~10 的实物卡片。

（2）幼儿数学教学活动中所需活动材料的准备

这主要是指教师向幼儿进行讲解演示时所用的教具以及幼儿摆弄、操作和练习时所用的直观材料。

活动材料的使用在幼儿数学教育中具有重要的意义。活动材料是解决数学概念抽象和幼儿思维具体形象这一突出矛盾的桥梁和中介，它能借助于事物的外部形象把抽象的数学概念具体、形象地呈现在幼儿面前，使幼儿能够具体、直观地感知和体验其中的数学关系和空间形式，从而获得一些有关数学的感性经验。活动材料可分为以下三种。

1）实物活动材料，如纽扣、小碗、小碟、小汽车等日常用品和玩具。

2）形象直观的教具，如各种卡片、图形、头饰等。

3）教师自制的活动材料，如数字卡片、分类盒等。

4. 活动过程

活动过程一般分为三个部分：活动开始、活动进行和活动结束。

（1）活动开始

一般是为了引起幼儿的活动兴趣和活动愿望，教师先生动、有趣地介绍活动的内容和要求。对不同年龄班的幼儿来讲，方法有所不同。小班可以采用有趣的玩具、游戏活动或是游戏的口吻等形式，中、大班可以采用智力游戏或带有悬念性的提问、猜谜等形式，激发幼儿探索的愿望和兴趣。

（2）活动进行

这是教育活动的主体。幼儿可以分组进行不同的操作活动，也可以集体进行统一的操作活动，或是交替进行。在整个活动中，教师启发式的提问、讲解演示、个别指导以及幼儿相互的交流、讨论等，都是活动的重要内容。

（3）活动结束

活动结束主要是对活动的小结。

1）对活动内容的小结。教师可以请幼儿讲述自己活动的过程和结果，帮助幼儿把在活动中产生的对数学经验的感受与体验进行整理、归纳，对年龄较小的幼儿，可以自然而然地结束活动。

2）对整个活动的小结。教师要真诚地与幼儿分享活动的感受，对幼儿的进步给予表扬和鼓励，提高幼儿参加活动的自信心和主动性；同时要注意要求幼儿把活动用具和活动材料归类整理，以帮助幼儿养成良好的习惯。

5. 活动建议和活动延伸

（1）活动建议

这是指就此项活动在进行过程中需要注意的、容易出现的问题提出的建议。

（2）活动延伸

这是指这一活动与下一个活动之间的联系。为了使幼儿在此活动中获得的数学经验得以巩固、强化，接下来还可以进行其他活动，也可以在日常生活中进行。

案例一

活动名称

我是小小气象员（中班）

活动目标

1. 了解天气的变化，以及天气变化与人们生活和生产活动的密切关系，培养观察能力和激发探索大自然的兴趣。

2. 形成长期观察记录的习惯，利用统计方法寻找规律，学会粗浅的统计方法。

活动准备

气象记录表格（见表2–2）、天气符号卡（贴在表格的第一行）。

表2–2　气象记录表格

天气 时间	晴	多云	小到中雨（小到中雪）
星期一			
星期二			
星期三			
星期四			
星期五			
星期六			
星期日			
一周合计			

活动过程

1. 每天根据天气的实际情况指导幼儿将天气符号卡贴到相应的位置（选择天气变化较多的某一个星期），根据实际情况指导幼儿填写记录表。填写的同时提醒幼儿注意天气与我们生活的关系，如星期二有小雨，小朋友们出门要带雨具等。

2. 组织幼儿讨论气温的变化。幼儿根据自己的记录表和教师一起小结：天气是多变的，气温的高低与我们的生活有密切的关系（如增减衣物），与植物的生长也有关系等。

3. 让幼儿数一数一个星期晴天有多少天、阴天有多少天，有多少下雨（下雪）天等，把数字贴在“一周合计”栏中的相应位置上。

4. 周末让幼儿将记录表带回家，在父母的帮助下继续填写星期六和星期日的天气情况。

活动延伸

1. 在日常生活中引导幼儿观察天气情况、听天气预报。

2. 每星期的天气情况累记为月表，月底让幼儿数一数这个月有多少天晴天，有多少天阴天，有多少下雨（下雪）天等。

3. 每月的天气情况累记为季度表，幼儿根据自己统计的图表认识春天、夏天、秋天、冬天，并了解气候、季节的变化。

4. 了解不同季节的气候特征、变化规律以及自然现象，主要动物和植物在不同的季节的变化和特征，人们对季节变化的适应，人和动物在四季的活动等。

案例二

活动名称

无穷无尽的排序模式（大班）

活动目标

1. 发展思维的逻辑性、灵活性和独立性。

2. 提高解决问题的能力。

活动准备

棋子和棋盘、准备好的各种排序模式的示意图（如一个红点、两个绿点的反复排序图，一个三角形、一个正方形、一个梯形的反复排序图）、皱纹纸、胶棒等。

活动过程

1. 引出主题

教师：“新年快要到了，上次老师和小朋友们一起讨论了怎样过新年，小朋友们提议要把我们的教室变成五彩缤纷的教室。你们想出了许多方法，有的小朋友说布置一个画廊，有的小朋友说创作一些彩条用来装饰窗户和门，还有的小朋友建议做一些拉花挂在天花板上。今天，我们就先来做拉花，请小朋友们想一想怎样做拉花。”

2. 幼儿在棋盘上操作

教师：“小朋友们的想法很多，现在就请大家在棋盘上用棋子摆出你们想出来的图

形。”（幼儿自己操作，教师指导幼儿摆出和他人不同的图形）

3. 总结提升

（1）请幼儿说说自己是按什么规律摆放棋子的。

（2）教师：“小朋友们摆出了很多种图形，各有各的规律。其实按规律进行摆放的方法还有很多，老师这儿有几张图，你们看看它们是怎样摆的。”（教师出示示意图，让幼儿观察并寻找规律）

4. 进一步引导幼儿操作

教师：“刚才小朋友们用棋子摆了图形，又看了示意图，你们已经知道了可以用许多方法来进行排列。现在我们就来制作拉花装饰我们的教室，老师已经准备好了材料，你们可以按照自己的想法制作按规律排序的拉花。”（幼儿操作，教师观察）

5. 展示并讨论幼儿的作品

将幼儿的作品一一展示出来，并请幼儿讲解自己的作品，其他幼儿进行讨论。

活动延伸

教师还可以引导幼儿用不同形状、不同大小的物品来装饰教室。

第二节　日常生活和活动区数学教育活动

幼儿数学教育活动除了幼儿数学教学活动以外，还有在日常生活和活动区中开展的数学教育活动。

一、日常生活和活动区数学教育活动的特点

1. 日常生活数学教育活动的特点

幼儿的学习是以直接经验为基础的，是在游戏和日常生活中进行的。游戏和生活对幼儿的学习有独特的价值。

幼儿最初获得的有关数学的感性经验是来源于生活的，并且是在不知不觉中获得的。日常生活中出现的数学现象和数学问题大多是在自然状态下发生的，而且这些数学现象和数学问题会经常、反复地出现，从而使幼儿对这些现象和问题有所认识和体验，同时也感受了数学，学习了数学。

人们所说的“儿童在生活中学习数学”是很有道理的。生活中充满了数学，关键是要有意识地运用这一途径，同时还要有意识地创设活动环境，引导幼儿通过直接感知、实际操作和亲身体验去关注日常生活中的数学，使幼儿在轻松愉快的氛围中获得数学的相关经验，激发幼儿的学习兴趣。

2. 活动区数学教育活动的特点

在区域活动中，幼儿可以根据自己的兴趣、需要来选择进入活动区的时间，独立地选择活动的材料和所开展的活动，具有较强的自主性。

活动区的各种材料，如棋类、玩具，以及教师根据幼儿的发展情况、教育目标而投放的活动材料等，都是幼儿在活动区中的主要活动材料。教师要提供充足的活动材料，让幼儿有充分的活动时间和空间与材料相互作用，与同伴充分交流、讨论，从而获得大量的感性经验。

知识卡

教师引导幼儿的方法

了解幼儿的学习方式后，教师引导幼儿时宜采用以下方法。

1. 安排、布置适宜的学习环境（如数学活动区），让幼儿通过实际操作与体验来学习。

2. 同一个学习内容应按幼儿年龄与经验的不同而作不同的处理。例如，对物品进行分类时，3 岁的幼儿一般只能按照物品的种类分类，但 5 岁的幼儿却能按照物品的形状、颜色、大小等特征分类。

3. 幼儿需要学习的法则应避免由教师直接提示给幼儿，应安排幼儿自己在操作体验中发现。

二、日常生活和活动区数学教育活动的设计与指导

1. 日常生活数学教育活动的设计与指导

日常生活中的数学教育，是幼儿数学教育的一个重要环节。生活活动在幼儿的一日活动中，不仅占有一定的时间，而且对幼儿的发展也具有重要的作用。在日常生活中，蕴含着许多对幼儿学习数学有影响的情境和事例，教师要有意识地引导，使数学教育渗透到幼儿的日常生活中。例如，每天早晨和幼儿一起数一数今天班上来了多少个小朋

友；进餐前，请幼儿摆放餐具，学习一对一地摆放物品，获得一一对应的感性经验；整理和收放玩具、衣物时，练习物品的分类，掌握对物品进行分类的方法和技能；带幼儿游玩、散步时，让他们数一数路旁的树，观察门、窗等的形状；秋天时，引导幼儿用拾来的落叶进行分类、排序等活动，还可以让幼儿用落叶进行拼图。在活动之间的过渡环节，教师还可以运用儿歌、歌曲、故事等幼儿喜闻乐见的艺术形式，让幼儿获得相应的数学经验。

［例1］

拍手歌（一）

你拍一，我拍一，1像铅笔竖着立；
你拍二，我拍二，2像鸭子浮水面；
你拍三，我拍三，3像耳朵看一边；
你拍四，我拍四，4像旗子迎风展；
你拍五，我拍五，5像金钩在钓鱼；
你拍六，我拍六，6像豆芽咧嘴笑；
你拍七，我拍七，7像镰刀割青草；
你拍八，我拍八，8像麻花拧一圈；
你拍九，我拍九，9像勺子能盛饭；
你拍十，我拍十，10像铅笔加橡皮。

［例2］

拍手歌（二）

拼板，拼板，拼拼板板。
上上、下下，前前、后后，左左、右右。
轱辘轱辘一，轱辘轱辘二；
轱辘轱辘三，轱辘轱辘四；
轱辘轱辘五，轱辘轱辘六；
轱辘轱辘七，轱辘轱辘八；
轱辘轱辘九，轱辘轱辘十。

在日常生活中，教师还可以利用一些偶发事件对幼儿加以引导。例如，某个幼儿过生日，带了生日蛋糕来幼儿园和其他幼儿分享，教师可以启发幼儿们讨论，怎样分才可以使每个小朋友都得到一块蛋糕，而且每个小朋友分得的蛋糕一样大。

总之，幼儿日常生活中的数学资源是十分丰富多彩的，这些资源对幼儿各方面的发展有积极的、深远的影响。教师不但要善于利用这些数学教育资源，而且要有意识地将数学教育渗透到日常生活中，引导幼儿发现、感受和学习。

活动名称

五彩的落叶（中班）

活动目标

通过渗透式教学，让幼儿感知 7 以内的数量及分类计数。

活动过程

1. 集体教学活动：数数每种树叶

（1）引导幼儿对捡到的落叶进行挑选，每种树叶不超过 7 片，并给每个小组投放材料。

（2）请幼儿对落叶进行分类计数，数数每种树叶各有几片，并选择相应的数卡表示其数量。

（3）引导幼儿将相同数量的树叶放在一起。

2. 区角活动：树叶拼图

教师用树叶制作 4 ～ 7 块树叶拼图，投放在区角内让幼儿自由拼玩，并要求幼儿每次完成拼图后，用自己所想的办法记录此片树叶是由几块拼图拼成的。

3. 小组活动：摸口袋

教师事先制作数件树叶作品（也可以用幼儿自制的树叶作品，但选用的每件作品所用的树叶数量不能超过 7）。活动时，教师请幼儿每次从大口袋里摸出一件树叶作品，说说它是什么，数数它是由几片树叶制成的，并用数字进行记录。

4. 日常活动：数数自己捡的树叶的片数

利用散步、郊游等机会，让幼儿捡落叶，并数数自己捡了几种树叶，每种树叶各有几片。

2. 活动区数学教育活动的设计与指导

在幼儿活动的场所内，通常都会为幼儿专门开辟一个小的活动区域、空间，有条件的幼儿园安排有数学教育活动专用教室，幼儿可以在这样的区域、空间或者专用教室里进行数学活动。

教师可以在活动区摆放进行数学教育活动的各种材料（如数物拼图卡、练习卡、废旧物品等）、棋类、玩具等物品，供幼儿自由选择和使用。活动区材料的提供和摆放，可以根据幼儿的兴趣以及教育活动的目标、要求来进行，同时活动材料的投放还应根据幼儿的活动情况及时调整和补充。

幼儿在活动区活动时，教师应向幼儿提出活动的要求、规则。例如，活动材料应如何摆放，要爱护玩具、材料，活动材料用后应放回原处等。

幼儿在活动区活动时，教师还应注意幼儿之间的个体差异，关注每个幼儿的需要，吸引他们参与活动区的活动，引导他们选择适合自己的玩具或材料，同时让幼儿在活动区中充分地和其他幼儿交流、讨论，感知、体验有关的数学经验。

幼儿的学习需要教师和家长的共同努力，但并不是滔滔不绝地讲授与示范解题方法，而是应该设法激起幼儿的好奇心和探究精神。幼儿内在的、自主建构的概念才是其真正获得的概念。教师的责任是帮助幼儿在学习数学的道路上发现问题、思考问题，让幼儿喜欢上数学、爱上数学。

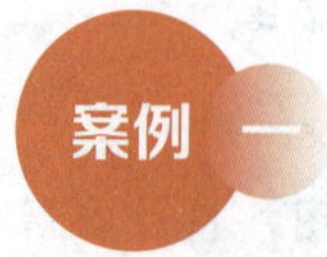

活动名称

拼地板（中班）

活动目标

1. 能自主设计一定规律排列“地砖”。

2. 尝试与同伴合作，体验合作的快乐。

活动材料

小号塑胶垫若干（红、黄、蓝、绿四色）。

活动过程

1. 请幼儿先说一说“地砖”有哪些颜色。

2. 请幼儿将“地砖”按颜色分类。

3. 幼儿两两合作，尝试选用自己喜欢的“地砖”按一定规律拼成长条地板。

活动名称

做纸球（大班）

活动目标

学习用废旧纸张制作 5 个（或 7 个）不同大小的纸球，并能按顺序排列纸球。

活动材料

幼儿与教师、家长一起搜集的各种广告纸、报纸等废旧纸张。

活动过程

1. 幼儿用剪、撕等方法将纸张分成小纸条，再运用团、搓等方法，将小纸条制作成不同大小的纸球。教师应引导幼儿之间相互观察、交流，如观察其他幼儿是否制作了 5 个大小不同的纸球，5 个纸球有没有按顺序排列好，以及它们是按什么顺序排列的。

2. 幼儿可以对同伴或在班级中说说自己是如何制作大小不同的纸球的，如怎样将一张大纸撕成小纸条；怎样将小纸条团成纸球；在制作过程中遇到了哪些困难，用什么方法解决的；怎样做成大小不同的纸球等。

3. 教师启发幼儿用做好的纸球玩抛接球游戏。

1. 幼儿数学教学活动有哪些特点？
2. 幼儿数学教学活动设计一般包括哪些要素？
3. 找几份幼儿园的教育活动设计，对它们的设计结构进行分析并比较异同。

第三章 幼儿感知集合的发展和教育

学习目标

- 学习幼儿感知集合的四个阶段
- 明确幼儿感知集合对于幼儿学习数学的意义
- 掌握幼儿感知集合教育活动的设计与指导

第一节 幼儿感知集合的发展

幼儿数概念的形成起始于对集合的笼统感知。笼统感知是指幼儿对集合的感知是泛化的、不精确的。在经过有目的的教育和指导以后，幼儿对集合的感知才逐渐清晰，并为学习计数、数的组成以及加减运算做好准备。

一、集合的相关基础知识

1. 集合的概念

集合就是由具有某种相同属性的对象所组成的整体。集合中的“相同属性”可以是物体的某一特征，如颜色、大小、形状、粗细、用途；也可以是物体的名称，如铅笔、餐具、汽车等。相同属性既是一个集合的标志，又是组成一个集合的依据。

在集合中，那些被确定的具有相同属性的一个个对象，是这个集合的元素。例如，“明明的电动玩具”这一集合中的每一个电动玩具（如电动狗、电动汽车等）都是“明明的电动玩具”这个集合的元素；“中一班的小朋友”这个集合中的每一个小朋友都是“中一班的小朋友”这个集合的元素。

关于集合的概念，必须明确以下三点。

（1）一个集合的元素必须确定

即给定一个集合，就可以断定任何一个元素是或不是这个集合的元素。例如，给定“明明的电动玩具”所组成的这个集合，可以断定明明的积木不是这个集合的元素，而电动枪则是这个集合的元素。

（2）一个集合的元素必须互异

即相同对象归入一个集合时，只能算作这个集合的一个元素。

（3）一个集合中元素的顺序不影响集合的构成

即一个集合中元素的顺序无论怎样变化，仍表示同一个集合。

2. 集合的表示法

集合的表示法有列举法、描述法、文氏图表示法等。在幼儿数学教育中，最常用的是文氏图表示法。

文氏图表示法就是用一条封闭的曲线把集合的元素圈起来表示集合的方法，如明明的电动玩具集合（见图 3-1）、小于 7 的自然数集合（见图 3-2）。

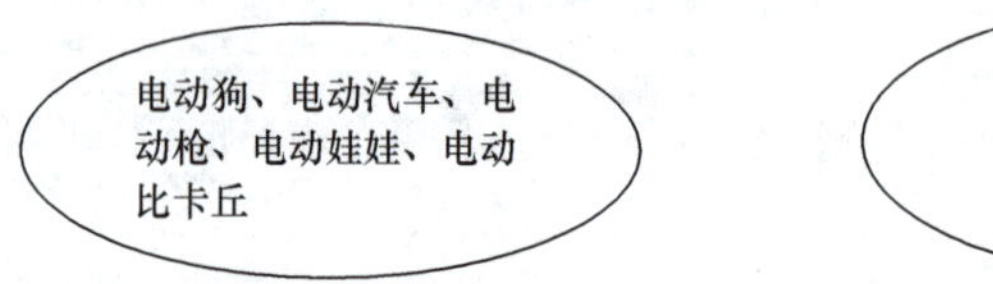

图 3-1　明明的电动玩具集合

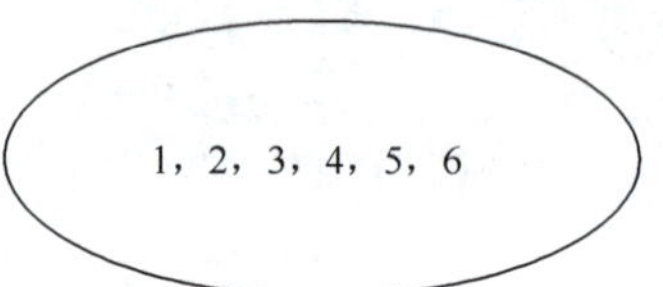

图 3-2　小于 7 的自然数集合

文氏图表示法的特点是能直观、形象地表示出集合中的各元素属于一个整体，同时它也明确地表示出集合的界限和集合元素的多少。用文氏图表示法表示集合，可以比较容易地让幼儿感知和理解集合。因此，在幼儿的数学教育中，文氏图表示法被广泛应用于直观教具和学具中。

3. 集合间的关系与运算

一般来说，两个集合间存在包含关系和相等关系。包含关系是指对于两个集合 A 与

B 来说，A 中的任何一个元素都是 B 中的元素，则集合 A 包含于集合 B，集合 A 也可称作集合 B 的子集。例如，苹果集合是水果集合的子集，黄瓜集合是蔬菜集合的子集等。两个集合间的包含关系是整体和部分之间的关系，感知集合的包含关系有利于幼儿理解类包含的观念。

集合间的相等关系是指两个集合间的元素是完全相等的，如 A= {10 以内的偶数}，B= {2，4，6，8，10}，则 A=B；再如图 3-3 a 与 b 中分别所示的水果集合也是相等的。

图 3-3　水果集合

就像数与数之间可以进行加、减、乘、除运算一样，集合之间也存在运算，即通常所说的交集、并集、差集、补集的运算。

由同时属于两个集合的元素所组成的集合称为两个集合的交集。由所有属于两个集合的元素所组成的集合称为两个集合的并集。由全集中所有不属于该子集的元素组成的集合称为补集。由属于一个集合而不属于另一个集合的元素组成的集合称为差集。图 3-4 中的阴影部分就分别表示交集、并集、补集和差集的不同运算。

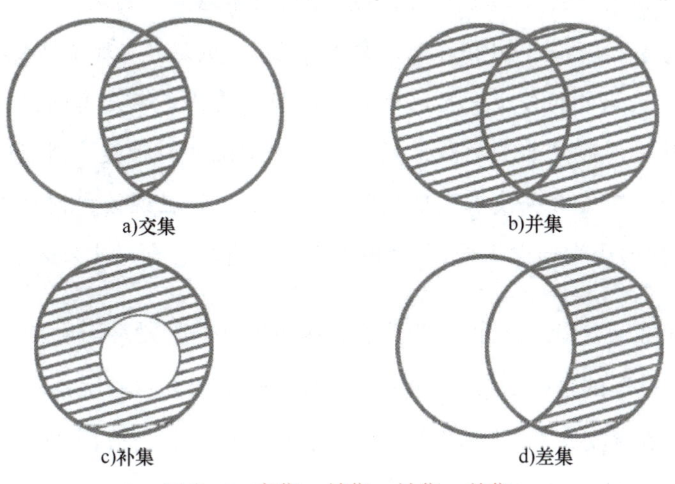

图 3-4　交集、并集、补集、差集

可见，从集合的角度来看，幼儿数学中的加法就是求已知两个没有公共元素的有限集合的并集的基数，减法就是求有限集合与它的子集的差集的基数。集合概念是幼儿掌握数概念、进行数运算的基础。

二、幼儿感知集合的发展阶段

幼儿感知集合的发展需经历由泛化到精确的四个发展阶段，即笼统感知集合阶段、逐步感知集合界限阶段、集合的数量感知阶段、初步集合运算阶段。

1. 笼统感知集合阶段

国内外的一些研究表明，2~3 岁的幼儿就可以产生对集合的笼统感知，即对集合元素的模糊、泛化感知。这一时期的幼儿还不能精确地说出一组物体的数量，只能大致地辨别它们的多少，看不到集合的范围和界限。

情景再现

含含与玩具车

含含是一个快两岁的男孩。他最钟爱的玩具是玩具车。有一天，吃完午饭后，妈妈哄他睡觉，但给他讲了一个故事以后，他还是不睡，一个劲儿地喊“小汽车”。于是妈妈拿来了三辆玩具车，玩了一会儿后，妈妈说：“小汽车也跑累了，它们也想睡觉了，让它们跟你一起睡吧！”含含很高兴地接受了妈妈的建议，并且把玩具车放在了自己的小枕头下面睡了起来。大约两个小时后，含含醒了，睁开眼睛的第一件事就是找玩具车。他把枕头挪开，一下子就找到了两辆玩具车，可是他并没有停下来，好像还在找什么（其实，妈妈趁他睡着已经拿走了那一辆玩具车），妈妈让他喝水，他也不喝。妈妈恍然大悟，像变戏法一般拿出了那辆被拿走的玩具车。这时，含含高兴地笑了，喊着“小汽车，小汽车！”，拿着自己心爱的玩具车玩了起来。

第二天，妈妈又和含含一起玩玩具车，想看看他是不是真的识数了。于是妈妈和含含给玩具车排了长长的队，妈妈趁含含不注意的时候，悄悄地从一端拿走了两辆玩具车。可含含并没有发现玩具车的减少，还在继续排列玩具车队伍。妈妈提示他：“你的小汽车少了吗？”他停下来看了看玩具车，就又玩了起来。

从以上情景可以看出，含含正处于笼统感知集合的阶段。当玩具车的数量较多时，他并不能把握玩具车的精确数量，即使妈妈悄悄地拿走了两辆玩具车，他也没有察觉，只有当玩具车的数量较少（三辆）时，他才能感知到少了一辆玩具车。这也说明，这一年龄阶段的幼儿很难感知到集合的范围和界限。

2. 逐步感知集合界限阶段

在已有的纽扣图形上重叠对应摆放纽扣，使集合中的元素不超出集合的界限，而且，所摆放的纽扣逐步达到准确的一一对应。在进行这一活动时，幼儿所摆放的纽扣已经限制在集合中头尾两个纽扣之间，只是在空隙处多放了纽扣，这说明了他们逐渐能重叠对应摆放纽扣，做到在一个纽扣图形上摆放一个纽扣的一一对应（见图 3-5）。

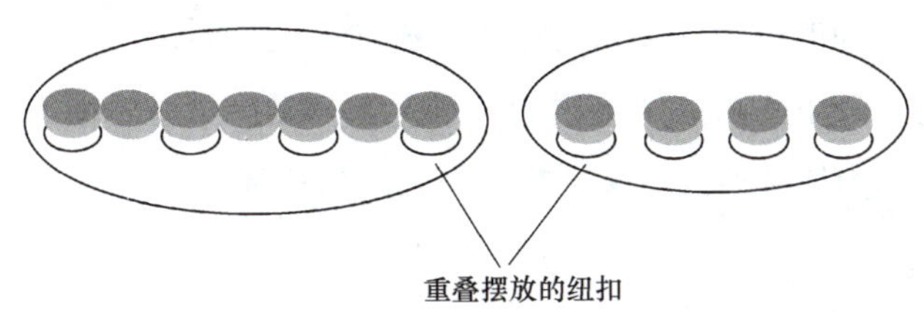

图 3-5　重叠对应摆放纽扣

一般认为，幼儿在 3 岁半 ~ 4 岁时正处于能力迅速发展的阶段。因此，幼儿从 3 岁以后可以用对应比较的方法来比较两组物体的等量或不等量。

一些实验研究也表明，小班幼儿这时可以用对应的方法来比较两组物体是一样多还是不一样多，如比较小碗和小勺的多少，让幼儿在每个小碗里放一个小勺，最后看一看哪个多哪个少。这说明幼儿已经在集合的界限之内感知集合了，但还缺乏对集合元素的明确知觉。

3. 集合的数量感知阶段

成成的生日蛋糕

成成今天过生日，他特别高兴。他高兴主要因为两个原因：一是他升入中班后一直盼望着 5 岁生日这一天，因为这一天他将有资格当上升旗手；二是妈妈为他买了一个特大号的生日蛋糕，并答应让他把生日蛋糕带到幼儿园和小朋友们分享。

国旗已经升起，生日蜡烛也已经吹灭，成成数了数坐在教室的小朋友一共有四组，然后在老师的帮助下，把蛋糕切成了四大块，给每个小组端去一块。当大家兴高采烈地举起叉子准备吃蛋糕时，老师提了一个问题："大家想想，是切开后的四块蛋糕大，还是没切开时那个完整的蛋糕大？"一下子把小朋友们问愣住了。婷婷说："应该是切开后的大吧，切开后有四块呢！"奇奇反对："但是这四块都比完整的那块小啊！"洋洋接着奇奇的话说："那切开后的四块就该比完整的小。"成成似乎觉得是一样大，但又不能确定，于是说："请大家等一会儿再吃，先把各组的蛋糕送回来，看看还能不能拼成原来的蛋糕那么大。"蛋糕送回来了，大家惊奇地发现原来切开后的四块蛋糕还能拼成一个完整的蛋糕！但婷婷仍坚持说："蛋糕分开后还是会变大的。"

幼儿大约到了中班这一年龄阶段，就开始进入对集合的数量感知阶段，即能准确感知集合及其元素了。以上情景中，成成不再用一一对应的方法来解决集合之间是否相等的问题，而是通过分别计数来比较小组组数和蛋糕块数两个集合元素的多少。这说明，幼儿已经发现集合中包含着子集，看到整体可以分成若干个部分；但是幼儿的思维还不具备可逆性，一旦将整体分成若干个部分，头脑中就不再保持整体了。他们此时对整体与部分、集与子集之间的类包含关系还是很模糊的。这一时期的幼儿在解决需要逻辑判断的类包含问题时，还不大可能从逻辑的关系上来判断，只是习惯于从数量的多少上去判断，如很多幼儿认为切开后的四块蛋糕比完整的蛋糕要大。

4. 初步集合运算阶段

幼儿大约到了大班这一年龄阶段，就可以进行初步的集合运算了，表现在幼儿已经能发现同一个物体往往具有多种属性。这时，幼儿可以进行多角度分类。例如，从图 3-6 所示的分类结果中可以看出，交叉的部分就反映出动物的两种特征：既有四只脚又会游泳，以及既有两只脚又会游泳。虽然这一阶段的幼儿可以进行初步的集合运算，但头脑中基本还没有形成类包含的逻辑观念，在遇到大数目的加法（即并集问题）时，多数幼儿需要借助计数的方法来进行。

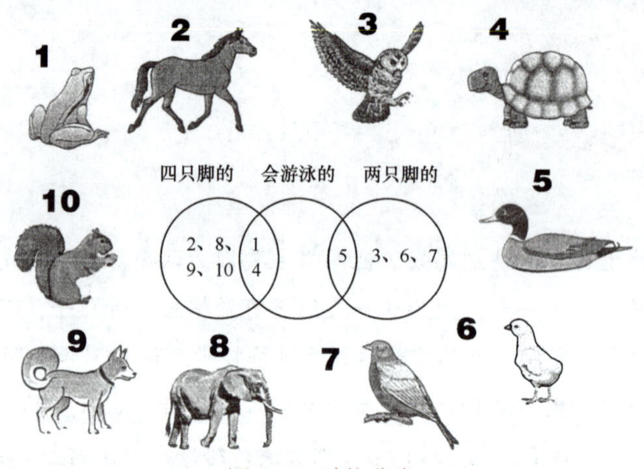

图 3-6　动物分类

三、幼儿感知集合的意义

向幼儿进行感知集合的教育十分重要。其重要性不仅是因为集合在数学中的地位和作用，更主要的是因为它符合幼儿掌握初步数概念的发展规律和特点，是幼儿学数前的准备教育，是幼儿理解数学的起点。

1. 感知集合是幼儿学会计数、理解数的实际意义的必要条件

幼儿数概念的形成起始于他们对集合的笼统感知。对集合的笼统感知实际上是对一

组物体不能精确说出其数量，只能辨别它们是多还是少，是对物体数量的模糊感知。幼儿要学会计数、掌握初步的数概念，必须要经历对集合的确切感知和运用对应的比较方法比较集合的元素这样一个环节，而这一环节正是形成初步数概念的必要基础。

幼儿在日常生活中，很早就接触到吃的、玩的、用的等各种各样的物品，他们不仅能从不同的物品中认出同类的物品，而且初步积累了由同类的单个物品组成的一个整体的、初步的集合概念。2 岁前的幼儿就能说出单个物品或一组物品的整体，如“一块糖”“很多糖”“一杆枪”“好多枪”等，但这时幼儿对“很多糖”“好多枪”的准确的数量感知是模糊的、不精确的。例如，桌子上有 10 块颜色、形状相同的糖果，趁幼儿不注意时，减少或增加少量糖果，尤其是从一排糖果的两端拿走或增加少量糖果，幼儿一般不会发现糖果数量上的变化。

在现实生活中，经常可以看到年龄较小的幼儿在开始计数时，总是要经历手口不一致的阶段：不是手点得快口说得慢，就是口说得快手点得慢，经常漏数或重复数。从表面上看，这是幼儿没有掌握数数的技能，其实根源则是由于幼儿没有集合的“类与包含”观念造成的。例如，明明要数一数有几把小勺，首先要在头脑中把要数的小勺从小铲子、小桶等物品中分离出来归为一个小的子集，再通过计数得出小勺有 5 把。而这对借助于动作进行思维的 3 ~ 4 岁的幼儿来说是困难的，要解决这一问题，就要让幼儿从感知集合入手。

2. 感知集合有助于幼儿理解类的概念，促进幼儿发现事物的共同属性，抽象概括出数概念

分“片片”

活动区里有一盒颜色、形状不同的几何图形片，教师让幼儿们把一样的放在一起。婷婷拿起一个小碗，把盒里的红片片拾进自己的小碗里（她最喜欢红色），她旁边的奇奇也在拾片片。婷婷往奇奇的碗里一看，发现奇奇的碗里有红圆片、黄圆片，还有其他颜色的圆片片时，顿时大叫起来：“你找的是什么乱七八糟的东西呀！”这时，奇奇也发现了婷婷的碗里有圆形、方形和三角形，于是也大声嚷道：“看你才是找得乱七八糟呢！”小朋友们都围了过来，有的站在婷婷一边，有的站在奇奇一边，双方争执不休。只有成成看了他们的片片说：“别吵了，你们俩找得都对！”经成成这么一提醒，婷婷、奇奇还有许多小朋友忽然明白过来，大家笑着纷纷散去。

上述情景是教师组织的一次感知集合的活动。在这次活动中，婷婷与奇奇分别发现了几何图形的颜色和形状的特征，因此，他们分别做出了不同的集合（其实还可以引导幼儿们想一想，这一活动还可以发现几何图形的哪些属性，还可以做出什么样的集合）。从这里可以看出幼儿感知集合的过程，实际上就是发现事物所具有的共同属性的过程。有了对集合的感知，才有可能进一步比较集合的元素，更好、更快地过渡到计数，形成最初的数概念。

3. 感知集合有助于幼儿理解集合的包含关系，有助于幼儿加深对数的组成和加减运算的理解

集合具有包含关系，集合与子集之间就存在包含关系。学习集合不仅有助于幼儿理解包含关系，还是幼儿进行数的组成和加减运算的逻辑基础。数的组成实际上就是一个集合与它的子集之间的等量关系、子集与子集之间的互补关系和互换关系的反映。而数的加减运算是整体与部分之间关系的运算，这里的整体就可以看成是一个集合，部分就可以看成是子集。在现实生活中，我们经常发现幼儿在进行加减运算时十分困难，这实际上反映了幼儿不能很好地把握整体与部分之间的关系，即集合的类包含逻辑关系。教育专家对幼儿集合感知方面的研究也表明，加强幼儿集合感知方面的教育，有助于幼儿从包含关系上来理解数的组成和进行数的加减运算。

第二节　幼儿感知集合的教育

一、幼儿感知集合教育目标

强调幼儿感知集合的教育，强调在幼儿数学教育中渗透集合的思想，目的是为幼儿学习数学奠定良好的心理基础，为幼儿理解和掌握数学概念打下坚实的基础，而不是要求幼儿去掌握关于集合的名词和术语。对幼儿进行感知集合的教育要把哪些内容作为教育的载体，各年龄班的教育要求有什么不同，用什么样的方法来渗透集合教育的思想等问题，是在幼儿感知集合教育中需要解决的。

1. 引导幼儿感知集合教育要求

（1）体验事物的共同属性

体验事物的共同属性是学习集合的基本要求，也是形成类概念的基础。在幼儿的

话语系统中，“相同属性”的同义词是“一样”，其中包含了两种含义：一种是大小和形状都一样；另一种是指事物的某一属性或特征相同（如颜色、大小或形状）。幼儿会用“一样”来表达他们看到的两个或多个物体的某一相同特征，但幼儿说的“一样”和成人所说的“一样”有时是有区别的。他们很容易把事物表面上的“一样”联系起来，会把本不相干的事物联系在一起。

（2）掌握求同和分类的技能

掌握求同和分类的技能，包括两个方面的内容：一是通过外部动作求同，把具有共同属性的物体位移归在一起；二是在心理上求同，这并不需要位移，只是在脑海中把具有共同属性的事物看作同类，这是幼儿形成集合概念的基础。

（3）初步形成集合的概念

初步形成集合的概念是指幼儿只能在经验的层面上对事物进行概括和归纳，按物体的一个特征或两个特征分类。

（4）对两个集合元素进行比较，体验集与子集的关系

对两个集合元素进行比较，体验集与子集的关系包含了对“1”和“许多”的理解，对集合之间元素多、少和一样多的判断，对集合的多种属性及集与子集相等和包含关系的体验等。

2. 引导幼儿感知集合教育目标

引导幼儿感知集合教育目标

小　班
1. 知道自己和与自己相关物体的归属，体验物体的共同属性
2. 体验“1”和“许多”的关系
3. 能按物体的一种特征分类
4. 能用一一对应的方法比较两个集合元素的多、少和一样多
中　班
1. 能概括物体（或图形）的两个特征并能按两个特征分类
2. 能按物体两个或两个以上的特征排列
大　班
1. 能对集合作层级分类，体验集与子集的包含关系
2. 能对物体集合进行多重分类

二、幼儿感知集合教育活动设计与指导

在设计和指导活动时，要特别注意发挥材料与活动规则隐含集合概念属性的作用。

教师在进行材料设计时，应注意为幼儿选择具有共同属性、不同抽象层次的材料，如实物材料、图形材料、图片材料。无论是哪一层次的材料，选择单一可分离的最好，这样便于幼儿对集合元素的逐一感知，发现其共同属性。每种材料的数量不能少于四个，太少不利于幼儿对共同属性的发现。

1. 幼儿分类教育活动设计与指导

分类是把相同的或具有某一共同特征（属性）的物体归并在一起。分类是幼儿计数的必要前提，也是幼儿形成数概念的基础，是幼儿感知集合教育的重要内容。

（1）常见分类

1）把相同的物体放在一起。例如，从一堆幼儿熟悉的玩具中把所有的小碗拿出来放在一起。

2）按物体的外部特征分类。例如，按物体的颜色、形状、大小等特征分类。

3）按物体的用途分类。例如，把橡皮、钱币、尺子归为一类（非玩具），把积木、塑料插片、玩具小桶等归为一类（玩具）。

4）按物体的数量关系分类。例如，把物体数量都为 5 的卡片放在一起。

（2）分类活动的指导要点

1）把相同的物体放在一起。对于年龄较小的幼儿来讲，首先是让他们体验从一堆物体中发现并挑选出具有共同属性的物体，即平常意义上的“求同”。求同活动通常需要向幼儿介绍某一物体的概念，但有一些物体教师是很难向幼儿说清楚其属性或特征的。此时，最好的方法就是让幼儿拿出和范例一样的物体，这样幼儿不仅会自发地形成对各种事物的概念，同时也避免了一些不太规范的概念。

2）按物体的外部特征分类。按物体的外部特征分类时，开始可以按物体的一种外部特征分类，如按大小分类，就是要求幼儿把大的物体放在一起，把小的物体也放在一起。

活动名称

找片片（小班）

活动目标

感知、体验物体的共同特征，按标记找出和范例一样的物体。

活动准备

用筐盛装的不同颜色的圆片，筐的数量与幼儿分组数量相等。

活动过程

1. 每一组幼儿的面前都有一筐圆片，教师拿起一个红色的圆片，告诉幼儿："这是红色的圆片片。"然后，让幼儿在自己面前的圆片筐里找出与教师所拿一样的红色圆片。

2. 教师可以在每组幼儿的桌子上放一个红色的圆片，方便幼儿随时进行比较，看自己找对了没有。

3. 教师和幼儿一起检查，看看每组的筐里还有没有剩余的红色圆片。

活动建议

1. 设计此类活动时，关键在于控制物体的相同属性。例如，教师给幼儿提供的材料的相同属性是圆形，这有利于幼儿对形状的感知。

2. 指导此类活动时，教师可以根据需要选择集体教育、分组教育、区域活动等不同的组织形式。小班的集体教育活动要带有一定的情境性，以帮助幼儿理解活动的意义。

活动延伸

1. 用相同的方法让幼儿区分蓝色的、黄色的圆片。

2. 在上述活动的基础上，教师可以提供颜色、形状不同的卡片，让幼儿排除形状的干扰，找出红色的圆片。

案例二

活动名称

找找长的和短的（小班）

活动目标

1. 能按物体的长短分类。

2. 喜欢参加分类活动，能耐心按规则进行分类。

活动准备

旧蜡笔若干，每个幼儿一个高笔筒和一个矮笔筒（可用大号牙膏盒在2/3处一分为二）。

活动过程

1. 介绍活动内容及规则

教师出示旧蜡笔及高、矮笔筒，并说明规则："班级的蜡笔需要整理，请小朋友们来帮忙，把长的蜡笔插在高笔筒内，短的插在矮笔筒内。"

2. 幼儿进行长短分类

请每个幼儿自己取一个高的和一个矮的笔筒，分别选长或短的蜡笔插入相应的笔筒，直至插满。

3. 检查分类结果

请幼儿相互检查分类结果，看看长蜡笔和短蜡笔各有哪些颜色。

活动延伸

在进行本活动时，还可以根据物体的大小、颜色进行分类。例如，让幼儿对图书、积木进行分类整理。整理蜡笔、图书、积木的活动可以放在一个单位时间内进行，也可以分几次按小组轮流操作的方式单独进行。

上述这一活动实例"找找长和短"，就是让幼儿对事物按长短这一特征进行分类。在最初建构幼儿的分类技能时，多采用分组的形式，即在同一单位时间内安排若干个相互有平行关系或层级关系的操作活动，以积累幼儿个体的分类经验。在幼儿初步理解分类的要求后，也可以采用集体教育的形式，并且通过提供不同的活动材料使分类活动深入下去。

幼儿在掌握按一个特征进行分类的基础上，可以练习按两个或两个以上的特征进行分类。而这种类型的分类一般在中、大班进行。例如，教师给幼儿准备八张彩色卡片，其中四张为圆形，四张为正方形，每一组图形都有红、黄、蓝、绿四种颜色，散乱排放（见图 3–7a）。让幼儿既能按形状分类，又能按颜色分类。从分类后卡片的摆放可以看出，横看是按形状（正方形和圆形）分类的，竖看是按颜色（红、绿、黄、蓝）分类的（见图 3–7b）。

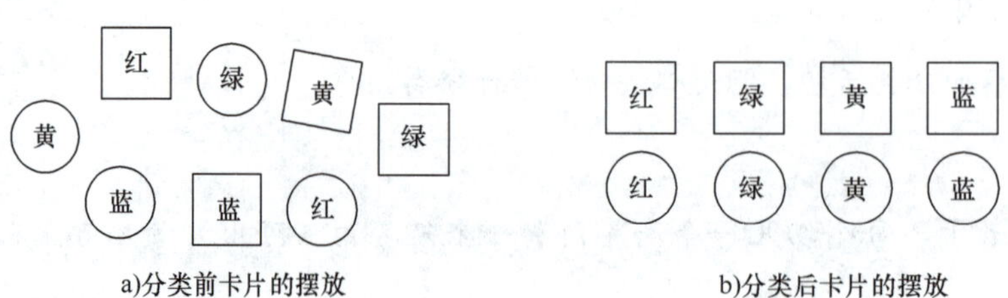

图 3–7　卡片分类

教师可以为幼儿设计一种两特征填图操作底板，引导幼儿根据要求把图形放在空格内。还可以为幼儿设计一种三特征填图操作底板（见图 3–8），引导幼儿根据每排打“√”项的属性综合出图形并挑出来放在后面的空格里（每个空格里可以放多个图形）。如果幼儿进行这样的活动有困难，易受其他排“√”的干扰，可以用纸挡住其他几排，并指着“√”让幼儿将所代表的属性一一说出来，以突出其特征，这样有利于幼儿进行选择。在活动中，教师要注意语言的运用。

红	蓝	大	小	○	□	
√		√		√		
	√		√			
	√	√			√	
√			√	√		

图 3–8　三特征填图操作底板

3）按物体的用途分类。按用途分类就是将物体的用途或性质等作为分类的标准。物体具有某种用途，这是由它与人们的关系决定的。这种关系是无法从物体的外在形态中看出来的。因此，按物体的用途分类，首先要了解物体的用途或性质。

在设计此类活动时，教师要考虑结合幼儿的生活经验来选择材料。小班幼儿最熟悉的物品是与吃、穿、玩联系在一起的。因此，教师可以提供有关食品、服装、玩具的物品和图片。组织活动时，可以先带领幼儿讨论每一种物品的用途，然后让幼儿把可以吃的、可以玩的、可以穿戴的分别放到教师指定的地方。进入中班后，由于幼儿生活经验的提升，可以用于幼儿分类的材料范围随之扩大，动物、植物、交通工具等都是幼儿分类的材料。但值得注意的是，有些词汇不要生硬地教给幼儿，可以结合他们关于动物、植物、交通工具等的知识经验，创造出他们特有的指代词，如昆虫就是“天上飞的动物”，动物就是“活的东西”，交通工具就是“带轮子的东西”等。

案例

活动名称

它们是一组的（小班）

活动目标

1. 引导幼儿概括物体的共同特征，把不是一类的物体找出来。

2. 指导幼儿依据不同标准对物体进行分类。

活动准备

1. 一套动物图卡，其中有一张是汽车图卡。

2. 苹果、梨、橘子、香蕉四种水果若干。

3. 不同颜色、大小、形状的积木若干（见图3-9）。

活动过程

1. 请幼儿观察图卡并说出图卡上都有什么。请幼儿将自认为不对的图卡（它和其他图卡不一样或不是一类）拿出来，并说明为什么。

2. 请幼儿观察桌上都有什么水果，说一说这四种水果可以怎样分类（提示：可以请幼儿按颜色、形状、味道、有无核、吃的方法、产地等分类）。

3. 指导幼儿对积木进行分类，如图3-9所示。

参考提问：①请小朋友们想一想、画一画，这些积木按大小可以怎样分类，按颜色又可以怎样分类。②请小朋友们想一想、试一试，还有没有其他的分类方法。（提示：还可以按形状分成四类）

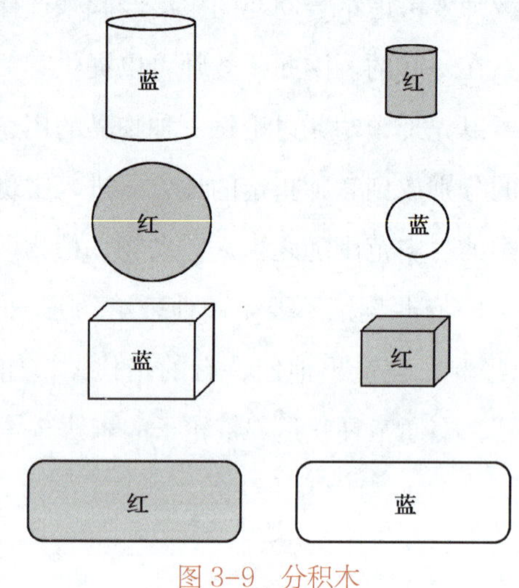

图3-9　分积木

活动延伸

在日常生活中，教师要有意识地在活动区投放可分类的材料，引导幼儿多角度地分类，发展幼儿的发散思维能力。

4）按物体的数量关系分类。按物体的数量关系分类是指将物体数量相同的卡片归并在一起。这是抽象出数，是形成数概念的重要步骤。幼儿的计数、目测数群的能力也是在“按数量分类”的活动中得到发展的。设计这类活动要在活动材料中充分体现出“数”的属性。为了实现这一目标，教师在提供活动材料时，要控制材料在颜色、形状、大小等属性上的一致性，以突出数量属性，把幼儿的注意力从颜色、形状、大小等特征上移开，而引到数量关系上，用数学思维来表征物体，形成数概念。例如，教师提供数量为 2、3、4、5 的实物卡和点卡，让幼儿把数量一样的实物卡放在一起，然后用点卡表示分类的结果，如图 3-10 所示。

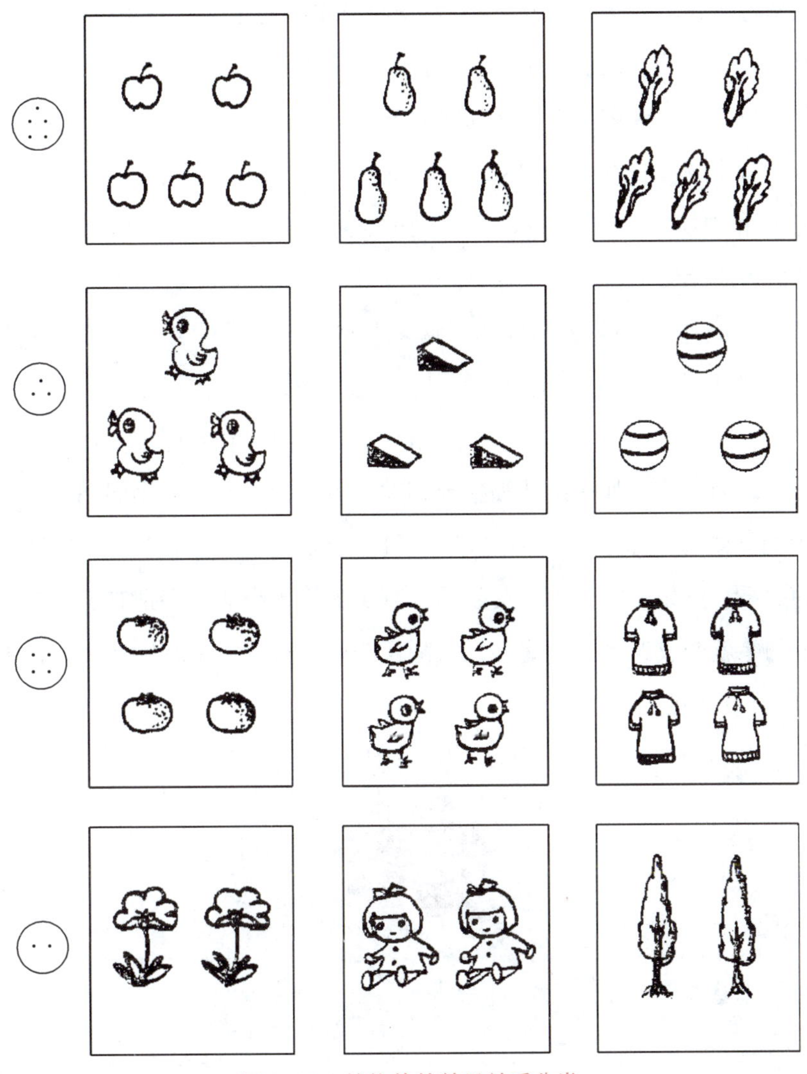

图 3-10　按物体的数量关系分类

在上述活动中，幼儿实际上要经过计数来确定某一物体的数量，并通过比较来确认物体间的等量和不等量关系。教师要注意观察幼儿用来解决所面临问题的不同方法，对幼儿出现的不同的认知策略报以宽容的态度，并鼓励幼儿之间进行讨论，提高幼儿对活动内容（数学）的表达技能。

2. 幼儿理解集合之间的关系教育活动设计与指导

（1）区分“1”和“许多”

“1”是自然数的基本单位，也是表示集合中元素数量的基本单位。“许多”是一个笼统的、不确定的数量，它代表两个以上元素的集合。“许多”是由若干个单个元素组成的。让幼儿学习区分“1”和“许多”，目的就是要引导幼儿感知集合及其元素，能区分和确切感知组成集合的单个元素。而这一经验是幼儿学习手口一致点数10以内数的基础。

1）区分“1”和“许多”教育活动的要求。

①能区分一个物体和许多个物体。

②能感知和理解“1”和“许多”之间的关系，即知道若干个1个合起来是许多，许多可以分成若干个1个。

③在日常生活中，会运用“1”和“许多”这类词汇进行会话，如会说“1个男孩，许多女孩”“1个教师，许多小朋友”等。

2）区分“1”和“许多”教育活动的指导要点。“1”和“许多”是小班初期学数前准备教育的重要内容。教师在设计和指导相关内容时，要充分利用周围的实物教具，在日常生活中引导幼儿大量感知、体验“1”和“许多”，通过操作活动理解“1”和“许多”之间的关系。例如，每个小朋友手里都有1支笔，小朋友们把它们放在同一个笔筒里，笔筒里的笔就变成许多了。此外，教师还应该注意，对小班幼儿来讲，采用游戏的方式更符合他们的特点。

活动名称

母鸡生蛋（小班）

活动目标

1. 在区别“1”和“许多”的基础上，初步感知“1”和“许多”之间的关系（即许多可以分成1个、1个……，1个、1个……合起来有许多）。

2. 培养幼儿参加数学活动的兴趣。

活动准备

儿歌《老母鸡本领大》（幼儿已能初步念儿歌），盛放许多鸡蛋（可以用乒乓球代替）的篮子，每个幼儿1个母鸡头饰，鸡窝1个（黄色吹塑纸上面铺有稻草，面积约为1平方米）。

活动过程

1. 播放儿歌《老母鸡本领大》，激发幼儿参加游戏的兴趣。

2. 玩“母鸡生蛋”游戏。

（1）教师拿出许多母鸡头饰，问幼儿：“有多少？”（都数不过来了，有许多）

（2）让每个幼儿取1个母鸡头饰戴上。问幼儿：“你取了几个？”（取了1个）

（3）教师提问：“刚才有许多母鸡头饰，现在为什么没有了？”（小朋友们拿走了）

附：儿歌

老母鸡，真能干。会捉虫，会生蛋。咯咯嗒，咯咯嗒，生下一个大鸡蛋。

教师小结：刚才有许多头饰，小朋友们你拿1个，他拿1个……，每人拿1个就都分完了。原来许多头饰可以分成1个、1个……

（4）同以上方法，教师为每个幼儿分发一个鸡蛋，让幼儿感知许多鸡蛋可以分成每人1个、每人1个……

（5）幼儿听录音，进行“母鸡生蛋”游戏。

幼儿听录音跟着念儿歌，学母鸡动作四散走。当念到“生下一个大鸡蛋”时，提醒幼儿赶紧将手中的鸡蛋轻放到鸡窝里去，表示母鸡“生下一个大鸡蛋”。教师提问：“鸡窝里刚才一个鸡蛋也没有，现在有多少？”（许多）“鸡窝里怎么会有许多鸡蛋的？”（老母鸡生下的）

教师小结：你1个、你1个、你1个，1个、1个、1个……合在一起就是许多。

（6）每个幼儿从鸡窝里取出1个鸡蛋后，教师提问：“刚才鸡窝里有许多鸡蛋，现在怎么没有了？”（小朋友们拿走了）

（7）此游戏可以重复一遍，使幼儿再次感知“‘1个’和‘许多’的关系”。

（8）幼儿把手中的1个鸡蛋放在教师提的篮子里，边放边说：“我放了1个鸡蛋。”待幼儿全部放好后，教师让幼儿看看篮子里又有了许多鸡蛋。

活动延伸

在幼儿学会区别“1”和“许多”的基础上，可以组织幼儿进行分与合的操作活动。例如，教师准备1只花瓶和许多枝花，让幼儿区别观察后，把许多枝花一一分给幼儿，每个幼儿拿1枝花，同时说出“我拿了1枝花”。教师小结：许多枝花分成1枝、1

枝……，现在分完了，因此，许多可以分成1个、1个……。接下来，让幼儿把花1枝、1枝地插到花瓶里，同时说出“我插了1枝花”。教师小结：刚才花瓶里没有花，小朋友们1枝、1枝……地把花插到花瓶里，现在花瓶里就有许多枝花了，1枝、1枝……合起来就是许多。在这样的分合操作活动中，教师反复强调“许多可以分成1个、1个……，1个、1个……合起来就是许多”，通过具体演示让幼儿初步理解“1”和“许多”的关系。分与合的操作活动可以结合游戏情境一起进行，使操作活动更有趣味性。

（2）比较物体数量关系

幼儿在初步感知、体验“1”和“许多”的基础上，进一步感知和体验多与少，并能初步比较简单的数量，获得数量的感性经验。

1）比较物体数量关系教育活动的要求。

①学习用对应的方法比较两组物体的数量，知道哪组多、哪组少，或是一样多。

②会用“一样多”“不一样多”“多”“少”等词语表示两组物体数量比较的结果。

③学习不受物体大小、排列形式等的影响，比较两组物体数量是相等还是不相等。

2）比较物体数量关系教育活动的指导要点。教师在组织“比较物体数量关系”教育活动时，首先应为幼儿提供他们比较熟悉的又具有一定关系的实物和实物卡，让幼儿进行配对活动练习，让他们逐步理解“一样多”“不一样多”“多”“少”的概念。配对是幼儿不经过计数来判断两组物体的数量是一样多还是不一样多的简便方法，因此教师应提供有关的实物和实物卡，让幼儿进行“匹配”“找朋友”等练习。例如，教师为幼儿提供钥匙和锁、乒乓球和乒乓球拍、花和花盆、雨衣和雨鞋等，这样便于幼儿理解事物的对应关系，知道为某一物体找的“朋友”应是相互有一定关系的物体，在匹配过程中逐渐理解一一对应。

幼儿的计数能力还比较弱，让幼儿比较两组物体的“一样多”“不一样多”“多”“少”时，通常采用的方法是一一配对。例如，比较杯子和小勺哪个多、哪个少，可以在每只杯子里放一把小勺，最后比一比哪个多、哪个少，还是一样多；同时在进行“匹配”“找朋友”等练习时，提供给幼儿的物体的数量应多一些，让他们不能一下子把握住物体的数量，这样有助于幼儿使用这种匹配的方法，进一步理解一一对应。特别要注意的是，教师依然需要灵活的指导策略，立足于促进幼儿的独立思维。如某教师在组织“变成一样多”的活动时就运用了灵活的指导策略。

该教师提供了两组实物，一组的数量是4个，另一组的数量是5个。要求幼儿先给两组物体一一配对，然后比较两组物体的多与少，最后再思考如何把不一样多变成一样多。在做如何将“4”和“5”的两个实物集合变成一样多的练习时，一个幼儿想到的是添上一个，而另一个幼儿想到的是去掉一个。教师在活动结束时，向全班幼儿介绍了两人的不同操作方法，并组织大家讨论：他们谁做得对？为什么？经过一番辩论和集体验证，大家发现，原来他们做得都对。

在上述例子中，教师让幼儿充分操作，结果幼儿得出了两种解决问题的方法，教师不急于给出答案，而是让幼儿讨论，经过讨论和集体验证，幼儿真正理解了这两个幼儿的方法尽管不同，但都把不一样多变成了一样多，这就给了幼儿很大的独立思考的空间。

比较物体数量关系教育活动除了专门的数学教育外，在其他各学科的教育以及日常的游戏、劳动等活动中都有向幼儿进行这方面教育的契机。例如，在科学教育中让幼儿了解家禽、家畜的区别，并对它们进行分类。除此之外，儿童文学作品中也有有关匹配、分类的教育内容，如在《三只蝴蝶》的故事中，红花只让红蝴蝶进来躲雨，黄花只让黄蝴蝶进来躲雨，紫花只让紫蝴蝶进来躲雨等。

案例

活动名称

找椅子（小班）

活动目标

1. 学习用一一对应的方法比较两组物体的多、少，或一样多。

2. 培养幼儿积极思维、动脑筋解决活动中所遇问题的能力。

活动准备

儿歌，椅子五把，小铃一副。

活动过程

1. 教师和幼儿一起玩找椅子游戏

规则：把椅子背靠背摆成一圈，参加游戏者听到铃声，开始边念儿歌边绕着椅子走，念完儿歌找一把椅子坐下。

预设玩三次。

附：儿歌

小铃、小铃，你真灵，敲的声音真好听。叮叮叮叮敲起铃，小朋友快找椅子来坐定。

第一次：5把椅子，6个幼儿。教师问幼儿："几个小朋友没找到椅子？谁没找到椅子？"

第二次：5把椅子，6个幼儿。教师问幼儿："几个小朋友没找到椅子？谁没找到椅子？"

第三次：5把椅子，6个幼儿。教师问幼儿："几个小朋友没找到椅子？为什么总是有一个小朋友找不到椅子？"

2. 按幼儿找出的"解决问题的方法"继续玩游戏

（1）解决方法：幼儿又找来一把椅子，尝试6把椅子，6个幼儿玩找椅子游戏。

（2）解决方法：幼儿让找不到椅子的那个幼儿不参加游戏，尝试5把椅子，5个幼儿玩找椅子游戏。

附：注意事项

无论哪种情况出现，必须满足"幼儿人人都能找到椅子"这一活动的要求。同时检查是否每个幼儿都找到了椅子，带领幼儿采用"一把椅子，一个小朋友；一把椅子，一个小朋友……"一一对应的方法进行检查过程的示范和讲述，得出"小朋友和椅子"一样多的结论，因为"小朋友和椅子一样多，所以每个人都找到了椅子"。

（3）再次以5把椅子，6个幼儿玩游戏，出现一个幼儿找不到椅子的结果。进行一一对应比较方法的演示，得出椅子少，小朋友多，小朋友会找不到椅子。

（3）感知整体与部分的关系

感知集合间的包含关系或相等关系以及两个集合间的交集、差集、并集等概念，对幼儿更好地理解集合概念以及学习数的组成和加减运算具有积极意义。在教育活动中，这部分内容主要是以帮助幼儿感知为主，而不是直接的概念传授和讲解。因此，教师可以结合幼儿的分类活动，通过操作、游戏等手段加以渗透。以下两个活动均反映出这样的设计理念。

活动名称

都是一伙的（中班）

活动目标

1. 根据动物的特征进行分类，形成集合与它的子集，并了解整体与部分的关系。

2. 在操作活动中发展幼儿的思维能力和想象力。

活动准备

每个幼儿一张背景图（见图 3-11），胶水。

图 3-11　背景图

活动过程

1. 自由讨论

（1）识别部分集合：哪些是小鸡，哪些是小鸭，哪些是小鸟。

（2）识别整体集合：它们都是动物。

2. 取小动物

幼儿把小动物仔细地从纸上一一撕下来。

3. 操作摆放

（1）告诉幼儿横线的上面是天空，横线的下面是地面，要求幼儿把会飞的动物放在天空部分（形成小鸟集合），不会飞的动物放在地面部分（形成地面动物集合）。

（2）告诉幼儿地面上的圆圈代表池塘，要求把会游泳的动物放入圈内（形成小鸭集合），引导幼儿在操作中观察这些动物，让幼儿知道可以将它们分成在天空中的、在地面上的和在池塘里的三类。

4. 幼儿粘贴

幼儿将摆放好的动物用胶水粘贴在背景纸上，教师巡回检查。

活动建议

1. 可以提供蜡笔，让幼儿找到合适位置粘贴各种动物后，在天空、地面和池塘里添画其他动物。例如，在天空中画海鸥、燕子，在地面上画小兔子、小猫，在池塘里画青蛙、小鱼等。

2. 引导幼儿知道池塘里的动物是属于地面部分的，小鸭可以放在地面也可以放在池塘里。

活动名称

蔬菜、水果找家（中、大班）

活动目标

1. 在分类活动中形成集合概念，感知交集。

2. 通过操作活动发展幼儿的思维能力和辨别能力。

活动准备

每个幼儿两张练习纸（见图3–12、图3–13），胶水。

图3–12 幼儿练习纸1

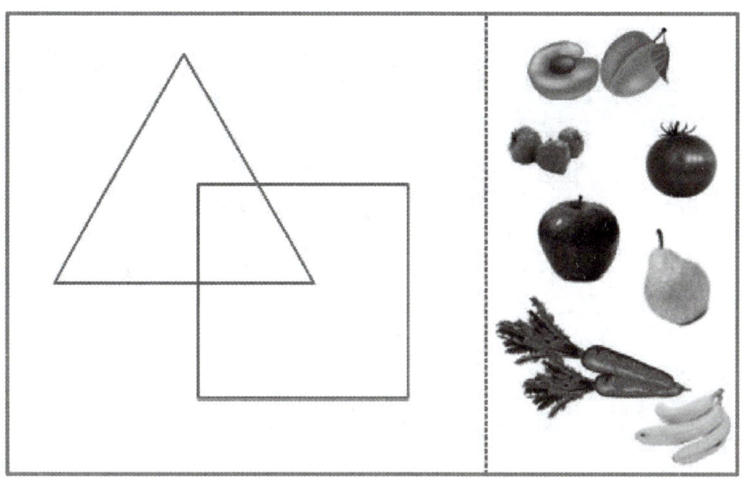

图 3-13 幼儿练习纸 2

活动过程

1. 区分活动

让幼儿区分说出图 3-12 练习纸上所画水果和蔬菜的名称。

2. 各自找家

（1）用三角形、正方形表示水果的家。请幼儿将图 3-13 练习纸上右侧的蔬菜和水果图片一一撕下来，蔬菜图片放到三角形里，水果图片放到正方形里。

（2）请幼儿想想番茄图片应该放到三角形里还是正方形里。（番茄既可以当水果吃，又可以当蔬菜吃，可以放到三角形和正方形的相交部分——梯形里）

3. 说说理由

请幼儿说说摆放的结果和理由。

4. 粘贴活动

请幼儿将摆放好的水果和蔬菜分别粘贴在练习纸上。

活动建议

1. 内容和图形可以自行调换，如内容可以设计成小动物、不同颜色形状的图形等。

2. 水果或动物图片可以放大挂在幼儿胸前，或改为头饰戴在幼儿头上，把集合图形画在地上，使摆放活动变为游戏活动。

第三节　幼儿感知集合教育活动设计与指导参考案例

一、幼儿实物归类教育活动设计与指导

活动名称

小树叶回家（小班）

活动目标

1. 学会按树叶的颜色、形状、大小进行分类。

2. 能够讲述操作过程。

活动准备

1. 经验：幼儿已有过按物体颜色、形状、大小分类的经验，活动前认识过梧桐树和银杏树。

2. 教具：7 块泡沫板（其中 5 块板上分别画有大圆圈，并贴有大小不同的黄、绿、橘黄色标记，表示各种树叶的家；另外 2 块板上画有大树的轮廓，并在树冠上分别贴 1 片梧桐树叶、1 片银杏树叶）、歌曲《秋天》。

3. 学具：每个幼儿 1 个小篮子，里面装着事先准备好的不同大小的树叶。

活动过程

1. 学习按树叶的形状归类

请幼儿拎着篮子进入场地。

（1）巩固幼儿对树叶的颜色、形状、大小的认识

教师引导幼儿从颜色、形状、大小方面对树叶进行描述。

教师："秋天来了，小树叶离开了大树妈妈，飘呀飘呀，飘到地上和小朋友们做游

戏来了！那么树叶在哪儿呢？”（在篮子里）

教师：“请小朋友们找一片你最喜欢的树叶，然后告诉大家这片树叶长得什么样子。”

（2）教师引导幼儿了解归类要求

教师引导幼儿进一步巩固对梧桐树叶、银杏树叶的认识。

教师：“听，谁在哭？”

教师指着两棵大树说：“哦，是树妈妈，她们在想自己的树叶宝宝了，我们把树叶宝宝送回家吧！”

教师分别指着贴有梧桐、银杏树叶的大树轮廓提问：“她们是什么树叶的妈妈呢？你是从什么地方看出来的？”

2. 幼儿操作

请幼儿按形状将有关树叶放入“大树”中，然后教师进行检查。

（1）认识标记

教师引导幼儿观察圈上的标记。

教师：“篮子里还有小树叶，我们也给他们找个家吧！”

教师手指四周的圆圈：“你们看，这里还有几个家，什么样的树叶可以住在里面？你是从什么地方看出来的？”

（2）幼儿操作

请幼儿按标记将树叶分别放入圈中，要求幼儿边放边说：“小树叶，我送你回家！”在幼儿操作时播放背景音乐。对分类有困难的幼儿，教师可以指导他们进行分类；对能力强的幼儿，教师可以引导他们将同样的树叶放在不同的圈中。

3. 活动讲评

引导幼儿检查是否每片树叶都找到了自己的家，对放错的树叶重新摆放；表扬边操作边讲述的幼儿，并请他们给其他幼儿做示范。

活动延伸

在复习活动和区角活动中，教师可以利用日常生活中常见的实物让幼儿进行归类活动，如各种不同的瓶盖、纽扣、串珠等。开始时，提供单一材料让幼儿按标记归类；在幼儿熟练掌握后，再提供各种材料让幼儿按不同标记进行归类活动；最后，让幼儿自己确立分类标准进行分类，并匹配标记。除此之外，还可以利用各种树叶、瓶盖、纽扣进行间隔排序、数数等活动。

二、幼儿区分“1”和“许多”教育活动设计与指导

活动名称

我和小朋友（小班）

活动目标

1. 发现“1”和“许多”，感知“1”和“许多”的关系，即若干个1个合起来是许多个，许多个可以分成若干个1个。

2. 知道班级里除了有一个“我”，还有许多个“我”的好朋友，体验与小朋友们在一起时的快乐。

活动准备

小镜子若干，大穿衣镜一面，屏风或布帘一个。

活动过程

1. 看看小镜子，发现“1”个和“许多”个。

给每个幼儿提供一面小镜子，提问：“快看看小镜子，有谁在里面？有几个你自己？”并告诉幼儿：“小镜子里还有你的好朋友。”让幼儿试一试，能不能从镜子里看到自己的好朋友，看到了就大声说：“×××，你是我的好朋友。”然后比一比，看谁看到的好朋友多。

2. 看看大穿衣镜，体验“1”与“许多”的关系。

将幼儿集中到大穿衣镜前，提问：镜子里有谁？（引导幼儿说一说有许多小朋友）邀请全体幼儿扮小猫，和教师一起做“老猫睡觉醒不了”的游戏。

游戏开始时，主班教师（老猫）面朝大穿衣镜背对幼儿做睡觉状。当主班教师嘴里念到“老猫睡觉醒不了，小猫悄悄往外跑”时，配班教师悄悄让一个幼儿起身躲到屏风或布帘后面去（不能被大穿衣镜照到），主班教师睁开眼睛问：“几只小猫跑了？”幼儿回答：“1只。”游戏重新开始，如此反复直至所有幼儿都躲到屏风或布帘后面时，主班教师问大穿衣镜：“每次只有1只小猫跑掉，怎么我的许多小猫都没有了？”（让幼儿发现许多只被分成了若干个1只）这时，配班教师逐一请幼儿回到大穿衣镜前，主班教师问：“几只小猫回来了？”幼儿回答：“1只。”如此反复直至所有幼儿都回到大穿衣镜前，主

班教师再问："每次只回来 1 只小猫，我这里怎么会有许多只小猫呢？"（让幼儿再次发现若干个 1 只合起来就有了许多只）

活动延伸

教师还可以结合平时的各种生活、游戏活动，让幼儿反复感知"1"和"许多"（元素与集合）的关系，如分餐具、发点心等。

三、幼儿比较物体数量关系教育活动设计与指导

活动名称

各种各样的帽子（大班）

活动目标

1. 通过活动激发幼儿探究身边常见事物的兴趣，学习从不同角度观察帽子的特征。

2. 学习将活动过程用简便的方式记录下来，并和同伴进行交流。

活动准备

1. 不同款式、颜色、质地、用途的帽子若干顶。

2. 四张桌子，四张盖布，四块黑板，笔、纸若干。

活动过程

1. 学习分类记录的方法

（1）以游戏的方式激发幼儿活动的兴趣。

（2）请四个具有不同特征（如衣服的颜色不同）的幼儿上台，并请其他幼儿说说他们之间的不同之处。

教师："这里有几个小朋友？他们什么地方不一样？"

（3）教师引导幼儿记录分类结果。

教师："我们要把这里有四个小朋友的事记下来，可以怎么记呢？"（教师引导幼儿用数字"4"表示人数，用娃娃头表示小朋友）"谁能把有相同之处的小朋友排在一起？是怎么排的，他们哪里一样？"（这两个是男孩，这两个是女孩）"这又该怎么记呢？"（教师引导幼儿用数字和简单的标记来记录）"除了这种排队的方法，还有没有其他方法？"（教师在幼儿分类的基础上再次引导他们用简单的标记来记录）

2. 学习从不同的角度对帽子进行分类

（1）引导幼儿观察帽子的不同之处。

（2）启发幼儿说出帽子的各种用途。

（3）提出分类的要求。

教师："原来帽子的用处这么多，我们大家都需要它。今天这里有这么多帽子，那我们就来开一个帽子商店吧。想一想开商店我们先要做哪些准备工作呢。"（引导幼儿先从整理帽子开始）"我们可不能把帽子放得乱七八糟的，你们说可以怎么摆放呢。"（引导幼儿说出将帽子按同一特征摆放）

3. 小组活动

（1）提出记录的方法。

教师："现在，我们请四组小朋友来整理一个柜台。首先，请上来的小朋友们数数柜台上有几顶帽子，用数字和标记把它们记下来；然后，看看它们有什么不同，把有相同特征的帽子摆在一起并数数每种有几顶；最后，小组成员一起商量看看该怎么记录。如果你们还有别的分法，就再分一次，分好后再数数每种有几顶，想一想该怎么记录。记住每分一次就记录一次。"

（2）幼儿操作，教师引导幼儿在分类时要按同一标准全部分完后，才能按其他标准再次进行分类。

（3）引导幼儿多角度思考分类标准。

（4）观察幼儿的不同记录方法。

4. 活动讲评

（1）展示这四组幼儿的记录单，引导幼儿对他们的记录方法进行观察、比较。

教师："这些记录单上记的都是小朋友们分帽子的事情，大家相互看一看，有没有看不懂的地方。"（幼儿之间相互提问、相互回答）"每组分帽子的方法和记录的方法有什么不同？你最喜欢哪一组的记录单，为什么呢？"

（2）教师对幼儿的操作给予肯定。

教师："今天小朋友们想出了各种摆帽子的方法，有的按大小摆，有的按款式摆，有的按颜色摆，还把这些事情用数字和标记记了下来，而且每组记录的方法都不一样，你们真了不起。下次我们玩帽子商店游戏的时候就可以有许多不同摆帽子的方法了。"

活动延伸

课后，教师可以将一组帽子和这组分帽子的记录单放在区角中，供幼儿进行分类活动，要求幼儿使用的方法不能和记录单上的相同，分好后记录。教师应充分挖掘分类的多种途径，促进幼儿思维能力的发展。

四、幼儿感知整体与部分教育活动设计与指导

活动名称

放在哪里（大班）

活动目标

1. 通过粘贴活动感知集合之间的关系，依据特征进行尝试摆放。

2. 在尝试和探索活动中发展幼儿多角度的思维能力。

活动准备

每个幼儿一张“水果找家”图片（见图 3-14）。

图 3-14　水果找家

活动过程

1. 观察

出示“水果找家”图片，提问并引导幼儿思考。

（1）两个圈内分别有什么？各有几个？

（2）图片左侧圈内的水果有什么特征？（有叶子）

（3）图片右侧圈内的水果有什么特征？（有梗儿）

（4）两圈相交部分中的水果有什么特征？（有叶子且有梗儿）

2. 区分

启发幼儿思考：依据特征，如把右边的水果摆放在圈内，该分别放到什么位置。

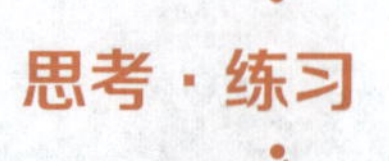

思考·练习

1. 幼儿感知集合对其数学学习有何意义？
2. 引导幼儿感知集合的教育要求主要包括哪几个方面的内容？
3. 按多角度分类活动的特点为中班设计一个幼儿数学教育活动。

第四章 幼儿数概念的发展和教育

学习目标

◆ 掌握幼儿数概念的发展阶段，理解幼儿数概念的建构是一个长期而复杂的过程

◆ 明确幼儿数概念的教育目标，掌握幼儿数概念教育的指导要点

◆ 能够设计与指导幼儿数概念教育活动

第一节 幼儿数概念的发展

幼儿数概念的发展主要包括计数能力的发展、认识数的序列的发展、掌握数的组成的发展以及加减运算能力的发展等几个方面。

一、数的相关基础知识

1. 自然数

自然数是数概念中最基础的内容，也是幼儿积累数学感性经验首先遇到的问题。

如果从自然数“0”起，逐次添上一个单位，就得到一列数：0，1，2，3……由这个依次排列着的全体自然数组成的集合叫作自然数列。自然数列有以下特征。

（1）有始

自然数列最前面的一个数是“0”。

（2）有序

在自然数列中，每一个自然数后面都有一个而且只有一个后继数（比它大1的数），同时，除“0”以外，每一个自然数前面都有一个而且只有一个先行数（比它小1的数），因此，自然数列是一个有序集合。

（3）无限

自然数列里没有最后一个自然数。

2. 数数

有了自然数列，就可以很方便地“计数”物体的个数。想知道集合中元素的个数，就要数数。数数的过程就是把要数的那个集合的元素，与自然数列里从“1”开始的自然数建立起一一对应的关系。只要不遗漏，也不重复，数到最后一个元素所对应的那个数就是数数的结果，即总数。数数的过程一般有三个特征。

（1）数数的结果总是唯一的，它与被数事物的次序无关。例如，我们按列或按行数教室里的幼儿，只要每个人都数到，而且只数一次，那么数的结果都是相同的。

（2）数一种事物可以用数另一种事物代替，数数的结果不变。例如，数今天出勤幼儿的名字卡片与直接数幼儿的结果是相同的。

（3）无论数什么，无论怎么数，最后出现的数都是代表数数的结果，即总数。

3. 基数与序数

任何一个自然数都具有基数和序数的性质。

（1）基数

一个数当用来表示集合中元素的个数时，叫作基数。基数通常表示为“几个”。

（2）序数

一个数当用来表示集合中元素的排列次序时，叫作序数。序数通常表示为“第几个”。

4. 数的守恒

数的守恒是指一组物体的数量不因其体积大小和排列形式等的改变而改变。例如，将中一班20个幼儿换成20个成人，20这个数目不会因为成人身材高、体积大而改变。也就是说，20个幼儿与20个成人在数量上是一样多的；另外，20个幼儿无论站成行或围桌而坐，无论是集中还是分散，20这个数目是不变的。

5. 数的运算

（1）加法运算

所谓加法，即求和的运算。加法用来表示在自然数列中，数 a 之后再数 b 个数出来，恰好对应于自然数列中的 c，则数 c 叫作数 a 与数 b 的和，可以用 c 表示。其中数 a 与数 b 叫作加数，数 c 叫作和，符号“+”叫作加号。从集合的概念来说，加法就是求两个没有公共元素的有限集合的并集的基数，如图 4–1 所示。

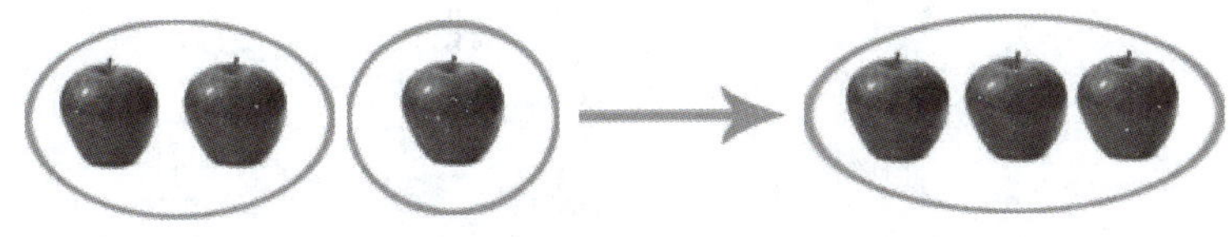

图 4–1　加法

幼儿学习加法运算主要涉及的是两个数合并成一个数的运算。加法运算的法则主要是交换律，即 $a+b=b+a$，要让幼儿知道，加号前后的两个数互换位置，它们的和是不变的。

（2）减法运算

所谓减法，即从一个数中去掉一个部分数，求剩余数，可用 $a-b=c$ 来表示。其中 a 叫作被减数，b 叫作减数，c 叫作差，符号“–”叫作减号。从集合的概念来说，减法就是求有限集合与它的子集的差集的基数，如图 4–2 所示。

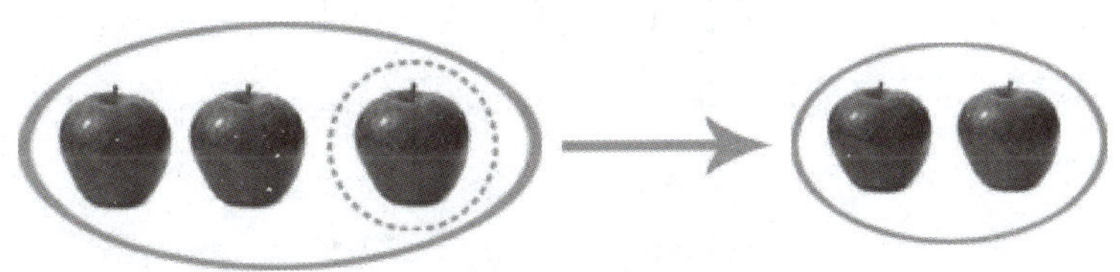

图 4–2　减法

二、幼儿数概念的发展特点

1. 幼儿计数能力的发展特点

幼儿数概念的发展是从计数开始的。幼儿的计数能力不仅标志着他们对数的实际意义的理解程度，还标志着幼儿数概念的初步发展。幼儿计数能力发展的顺序是：先口头数数，然后按物点数，再到说出总数（说出计数的结果），最后按数取物。只有当幼儿能说出物体的总数时，才算理解了数的实际意义。幼儿对计数的认识，主要是通过计数活动来实现的。

（1）口头数数

2 岁左右的幼儿，在成人的教育下，逐步学会个别数词，如“1”“2”，但往往不能正确地用以表示实物的数量；3 ~ 4 岁的幼儿一般能从 1 数到 10，但大多是像背儿歌似地背诵这些数字，带有顺口溜的性质，并没有形成一个数词与相应的实物一一对应的联系（见图 4–3），这个年龄段的幼儿还不理解数的实际意义。

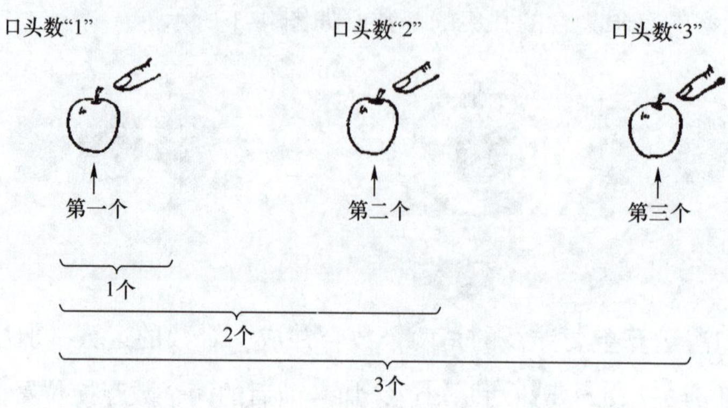

图 4–3　数词与相应实物的一一对应

这一阶段幼儿口头数数表现出以下特点。

1）幼儿一般只会从 1 开始顺序地往下数，如果遇到干扰就不会数了。

2）幼儿一般不能从中间的任意一个数开始数，更不会倒着数数。

3）幼儿在口头数数中，常会出现遗漏数字或循环重复数字的现象。

5 岁以后的幼儿很多能从中间任意一个数接着往下数，但遇到进位时常发生错误，往往又会从头数起。尽管口头数数是一种机械记忆的结果，但对幼儿理解自然数的顺序还是有积极意义的。

（2）按物点数

幼儿按物点数比口头数数发展得要晚一些。3 ~ 4 岁的幼儿点数实物，特别是点数 5 个以上的实物时，往往手口不一致，不是手点得快口说得慢，就是口说得快手点得慢，经常漏数或重复数。出现这种现象的原因，一是由于幼儿不理解数词的实际含义，不知道点数实物时，必须把被数的实物与自然数列里从 1 开始的自然数词建立一一对应的关系；二是按物点数时，要求多个器官（手、眼、口、脑等）的协同一致活动，幼儿在 5 岁以前，由于大脑皮层抑制机能发展较差，手眼协调动作不灵活，再加上口头数数还不熟练，因此会产生种种手口不一致的现象。5 岁多的幼儿按物点数的数目与口头数数的数目范围基本趋于一致，6 岁以上的幼儿基本上都具有按物点数的能力。

（3）说出总数

要确定一组实物的总数，就要数数，这也是计数的目的。幼儿说出总数的发展要比按物点数能力的发展更晚一些，因为这需要在掌握点数的基础上理解数到最后一个实物时，它所对应的数词就代表这一组实物的总数，要把数过的实物作为一个整体——数群来把握。由于幼儿的理解能力和概括能力较差，需要较长时间的反复实践才能逐步掌握。我们常常看到 3 ~ 4 岁的幼儿虽然能正确点数实物，但不能正确说出实物的总数，而是随意地说出一个数。

（4）按数取物

按数取物是对数概念的实际运用。按数取物首先要求幼儿记住取物的数目，然后按数目取出相应的实物。3 ~ 4 岁的幼儿一般只能按数取出 5 个以内的实物，幼儿按物点数的数目都比说出总数和按数取物的数目多。5 ~ 6 岁的幼儿不仅计数的范围逐步扩大，计数的准确性也逐步提高，基本上都能按指定的数正确取出实物。

2. 幼儿认识数的序列能力的发展特点

幼儿掌握数的序列结构，是掌握数概念的一个重要组成部分。数的序列，一是指数序，二是指序数。

数序，即自然数的顺序，每个数在自然数列中都是按照后一个自然数比前一个自然数多 1 的规律排列起来的。也就是说，数序指的是每一个自然数在自然数列中的位置以及与相邻两数之间的大小关系。

幼儿在学习计数的过程中，已经对自然数的顺序有了一些初步的认识，但开始学习计数时，往往是在一个数词和另一个数词之间机械地建立起前后联系，并不明白数的顺序关系。随着参与比较实物数量的多少和给实物或数目排序等活动，才逐渐掌握数的顺序关系。

幼儿比较数大小的能力比计数能力的发展要晚一些。3 ~ 4 岁的幼儿多数能按物点数 5 个以内数量的物体，但问起“4 个”和“5 个”哪个多时，相当多的幼儿并不知道。有的幼儿提出要求说：“你得拿出东西来让我数一数。”这说明幼儿只能看着实物依靠数数来比较数的大小，还没有建立起抽象数的顺序与数的大小的明确关系。4 ~ 5 岁的幼儿大约有一半能比较 10 以内数的大小，5 ~ 6 岁的幼儿一般都能顺利地比较 10 以内数的大小。

幼儿给 3 个以上的实物或数字卡片排序的能力发展得更晚一些。因为幼儿在排序时，不仅要熟悉数的数序，能比较每两个数的大小，还要能协调几个数之间的关系。4

岁以下的幼儿排序能力较差，4 ~ 5 岁的幼儿的排序能力有明显的提高，5 ~ 6 岁的幼儿一般都能排 10 以内数的数序，6 岁以上的幼儿一般都能比较顺利地排出 20 以内数的顺序关系。

3. 幼儿掌握数的组成的发展特点

掌握数的组成，从本质上说是从整体与部分的关系上来掌握数的结构。前面讲到计数，只是把物体集合看成一个整体，并不涉及它能划分成几个部分，以及几个部分之间的关系。数的组成揭示了一个数可以分成几个数，反过来几个数又可以合成一个数。这样可以使幼儿从整体与部分的关系上理解数与数之间的关系，加深他们对数概念的理解，提高他们的思维能力。

幼儿对数的组成的理解比对基数、序数的理解要晚一些。因为要理解数的组成，首先要理解基数，要有初步的数概念，并且要有一定的分析、综合和比较能力。5 岁以下的幼儿对数的组成理解得很少。例如，给幼儿三块积木，让他摆成两堆，问："几个和几个合起来是三个？"能答对的幼儿不到被提问幼儿的五分之一。5 岁以后的幼儿多数能借助教具和实物初步理解数的组成，会按教师的要求把 10 个以内的物体分为不同的两个部分，但他们掌握抽象数的组成还有一定的困难，不会连贯地讲述一个数可以分成两个数，两个数合起来又是原数。经过适当教育，6 岁左右的幼儿基本上能理解数的组成，初步理解数群的整体与部分、部分与部分之间的关系。

4. 幼儿加减运算能力的发展特点

3 岁半以前的幼儿在面对实物时，并不知道可以用它们来帮助进行加减运算，他们要依靠成人将实物分开、合拢给他们看，才能说出一共有几个或还剩下几个。他们不理解加减的含义，不认识加减运算符号，数的运算对这个年龄的幼儿来说是很困难的。

4 岁的幼儿一般会自己运用实物进行加减运算，但在进行加法运算时，他们需要将表示加数和被加数的两堆实物合并，再逐一点数后得出总数（即得数）；在进行减法运算时，也一定要把减掉的实物部分拿掉，再逐个数剩下的实物个数，得到剩余数（即得数）。这时，他们完全依靠动作思维，而对于抽象的加减运算既不理解也不感兴趣。但 4 岁以后的幼儿就开始有了初步运用表象进行加减运算的能力。5 岁以后的幼儿学习了顺着数和倒着数，他们能够将顺着数和倒着数的经验运用到加减运算中去。此时，多数幼儿可以不用摆弄实物，而用眼睛注视物体，心中默默地进行加减运算。5 岁半以后的幼儿，随着他们对数群概念认识的发展，特别是在学习了数的组成以后，在教师的引导下，他们开始运用数的组成的知识进行加减运算，这样就从逐一加减向按数群加减的水平发展。但要注意的是，幼儿与幼儿之间存在着一定的个体差异。

第二节　幼儿数概念的教育

一、幼儿数概念教育目标

幼儿数概念教育目标

小　班
1. 学会手口一致地点数 5 以内的实物，并能说出总数
2. 按实物范例和指定数目取出相应数量的物体，学习一些常用的量词
中　班
1. 能正确点数 10 以内的物体，并能说出总数
2. 学习目测数群，学习不受物体空间排列形式和物体大小等外部因素干扰，正确判断 10 以内的数量，感知和体验 10 以内自然数列中相邻两个数的数差关系，学习 10 以内的序数
3. 认识数字 1 ～ 10，会用数字表示物体的数量
大　班
1. 进一步按数群数数
2. 感知和体验 10 以内相邻 3 个数之间的等差关系
3. 感知和体验 10 以内数除 1 以外，任何一个数都可以分成两个较小的数，两个较小的数合起来还是原来的数；体验总数与部分数之间的包含关系，部分数与部分数之间的互补关系和互换关系
4. 学习 10 以内数的加减，认识加号、减号，初步理解加法、减法的含义，会解答简单的加减应用题，感知和体验加减互逆关系

二、幼儿数概念教育活动设计与指导

1. 小班数概念教育活动设计与指导

（1）提供丰富的活动材料，引起幼儿对计数的兴趣

在幼儿的生活环境中处处都存在着数，这些数都是与具体的事物联系在一起的。教师要有意识地让幼儿关注事物的数量特征，把数量与相应的事物联系起来。例如，活动区小桶的数量，娃娃家活动区有 5 个小朋友、6 支彩笔、3 只小兔子、2 个苹果

等。教师要为幼儿提供一些他们感兴趣的事物，引导幼儿关注事物的数量特征，利用日常生活中的一切机会启发幼儿在活动室的院子里找一找、看一看哪些东西是一个，哪些东西是成双成对的，还有哪些东西是3个或3个以上的等，增强幼儿对数数的兴趣。

（2）引导幼儿按物点数并说出总数

手口一致地点数，即说一个数词，手应该指向一个实物。这是小班幼儿计数的重要方式，也是幼儿理解数与相应实物之间关系的重要方式。通过手口一致地点数，有助于幼儿理解数的实际意义，是幼儿形成数概念的基础。

点数时，教师可以和幼儿一起数，边数边用手移动物体或依次指向一个个物体，使手的移动动作和数数活动协调一致。在此基础上，为了防止幼儿漏数和重复数数，可以教给幼儿一些方法，例如，首先把要数的物体摆成一行或一列，然后选择开始数数的地方，一个接一个地往下数。

为了让幼儿逐步理解点数到最后一个数时就是代表物体的总数，教师可以指点着刚数完的物体说，“刚数完的兔子一共有4只”“树上一共有5个苹果”等。

（3）引导幼儿学习数量对应匹配

幼儿在数数的过程中，教师还应该鼓励幼儿用自己喜欢的符号卡片记录每种物体的数量，发展幼儿对事物特征的敏感以及用符号表征物体数量的能力。

例如，给幼儿提供1～5各个数量集合的实物卡片（数量是1的各种动物，数量是2的各种植物，数量是3的各种日用品，数量是4的各种水果，数量是5的各种玩具等）、1～5的点卡。让幼儿根据点卡挑出相同数量的实物卡片，并用点卡来表示事物的数量。这里需要提醒的是：在幼儿最初做这两个练习的时候，教师关注的重点要放在幼儿能不能将一样多的实物卡片和相同数量的点卡放在一起，而不必要求幼儿将实物卡片按序排列，因为处于这一阶段的幼儿难以在头脑中同时进行“按数量分类”和“按数排序”这两个问题的思考。

2. 中班数概念教育活动设计与指导

中班的幼儿虽然还远没有建立数概念，但他们对身边事物的数量感知早已在有意和无意之中开始了。

（1）按物体数量分类

按物体数量分类的目的是要引导幼儿关注事物的数量特征，发现不同类事物数量的等同性。在日常生活中，教师应有意识地引导幼儿在周围环境中找一找、看一看数量只有1个、2个的物体有哪些，数量是3个的物体又有哪些，鼓励幼儿用自己喜欢的符号在卡片上记录每种物体的数量，发展幼儿对事物数量特征的敏感以及用符号表达物体数量的能力。

在组织按数量分类的活动时，教师提供的操作材料应体现难度层次，从实物卡片到圆点卡片，最后到抽象的数字，同一数量的实物卡片一般以5～6个较为合适。幼儿开始做这个练习时，教师的关注点应主要放在看幼儿能不能将一样多的实物卡片和相同数量的圆点卡片放在一起，而不是将实物卡片或圆点卡片按序排列。如果幼儿已自发地将材料按序排列，教师则要不失时机地予以肯定，以增强幼儿的数序意识。

数的守恒标志着幼儿数概念的发展水平，也是幼儿思维过程结果的一种表现。调查表明，大多数幼儿约在6岁以后才能基本掌握数的守恒。教育幼儿数守恒概念的建立能够起到积极的作用，因此，在幼儿数学教育过程中应重视数守恒概念的渗透。

案例

活动名称

它们是否一样多（中班）

活动目标

理解物体的数量与物体的摆放形式无关，初步建立数守恒的概念。

活动准备

1. 磁板一块，纽扣、瓶盖若干。
2. 幼儿作业纸（见图4–4）。

图4–4　数苹果

活动过程

1. 指导幼儿看作业纸，并提问：数一数每组苹果是几个，它们一样多吗？为什么？
2. 请幼儿拿出七粒纽扣摆成一排，再请幼儿拿出相同数量的纽扣，随意摆成另一种形式，请幼儿比较和体会两组物体是否一样多，并说明理由。

3. 教师在磁板上摆出几组相同数量（7个）的瓶盖，但各组的排列形式、疏密程度不同，请幼儿说一说各组的数量是否一样多，它们的数量是几。

4. 组织幼儿讨论：你发现了什么规律。（物体的数量不因物体的大小、颜色、排列形式、位置等的变化而改变）

活动延伸

教师在活动区可以投放类似材料，让幼儿进行练习。

（2）体验自然数列中的数序关系

1）口头计数。可以通过“顺口溜”等方法进行教育（见例1 数字歌、例2 采蘑菇）。虽然口头计数更多是机械记忆的结果，但它对于帮助幼儿理解自然数的顺序还是有一定积极意义的。

［例1］

数字歌

一去二三里，烟囱四五家。
行人六七个，八九十枝花。

［例2］

采蘑菇

1、2、3、4、5，上山采蘑菇；
蘑菇没采到，看到红苹果；
苹果多又多，1、2、3、4、5。

2）数物（序）拼图。数字是一种抽象的符号，能够帮助幼儿理解自然数的顺序，但刚开始还需要借助物体数目的提示以及口头计数的习惯。

如图4-5～图4-7所示的图例都是一些比较好的能让幼儿体验数物对应、自然数顺序等的一些练习，这些练习不仅可以提高幼儿的学习兴趣，而且可以巩固他们掌握的概念。

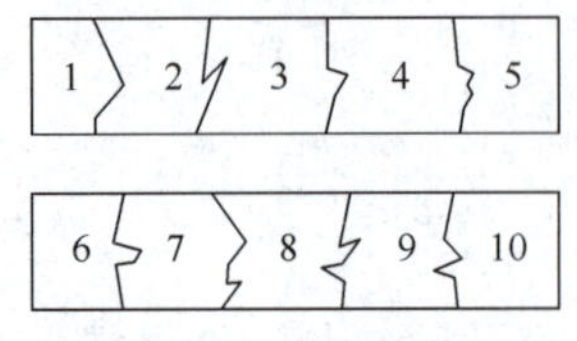

图4-5　数字排序

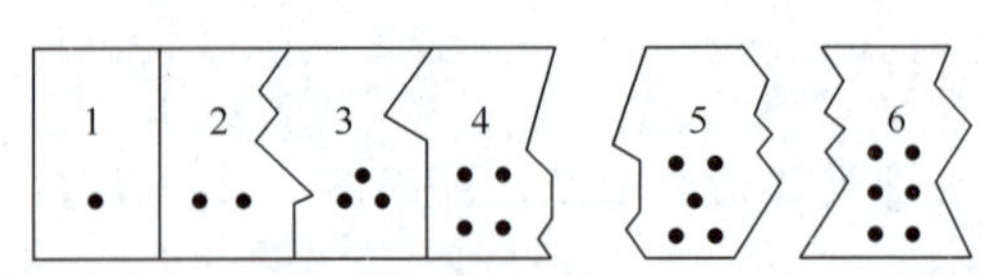

图4-6　数字拼板

（3）认识序数

序数表示物体的排列次序，也是自然数的性质之一。让幼儿理解序数的含义时，首先应让幼儿体验自然数的数序以及自然数列中相邻两数之间“大1”和“小1”的等差关系。例如，教师可以在活动区投放“让两组物体变得一样多”（通过添加一个或去掉一个使两组物体变得一样多）“添画”“数、点、物图”等材料，让幼儿多加练习，在此基础上理解序数的含义。

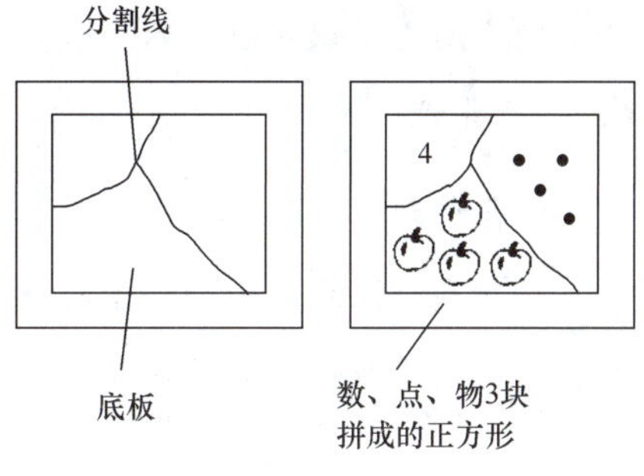

图 4-7　数、点、物对应拼图

1）认识 10 以内序数的教育要求。

①让幼儿学习 10 以内的序数，理解序数的意义，会用序数词（如第一、第二）正确地表示物体在序列中的位置。

②让幼儿学习从不同的方向（如从左到右、从右到左、从上到下、从下到上等）正确表示物体在序列中的位置。（这一内容根据幼儿的发展情况，也可以安排在大班进行）

2）认识 10 以内序数教育的指导要点。

①学习序数，首先应让幼儿明确从哪个方向数，开始的物体称为第一个，如从火车头往后数车厢，紧挨着火车头的就是第一节车厢，依次是第二节车厢、第三节车厢……开始应让幼儿从左到右数，以后可以引导幼儿通过从右到左、从上到下、从下到上等不同的方向看物体在数的序列中所占的位置。

②在日常生活中，教师要有意识地让幼儿感知、体验物体的位置，通过排队、报数等活动让幼儿学会表达自己的位置，使幼儿逐渐体会一个数不仅可以表示一共有几个物体，而且还可以用来表示物体的顺序或位置。

③教师运用教具、学具引导幼儿确定物体的位置。

活动名称

认识 6 以内的序数（中班）

活动目标

指导幼儿认识 6 以内的序数。

活动准备

1. 各种动物卡片。

2. 准备一张画有六个格子的纸，并在纸上做一个记号。

3. 幼儿作业纸（见图 4–8）。

图 4–8　动物运动会

活动过程

1. 请幼儿将动物卡片摆成一排，教师事先在幼儿的桌子上贴一个红色圆点。

参考提问：数一数一共有几只动物？它们分别是什么动物？从红色圆点这边数起，小鸡排在第几位？排在小鸡后面的是什么动物，它排在第几位？排在小鸡前面的是什么动物，它排在第几位？排在最后的是什么动物，它排在第几位？

2. 请幼儿拿出画有格子的纸，从画有记号的这边数起，把第二格涂成红色，把第五格涂成蓝色，然后在蓝色格后面画一朵花，并说出这是第几格。

3. 引导幼儿看作业纸。

参考提问：动物运动会开始了！那么，在第一跑道的是什么动物？松鼠在第几跑道？跑第一的是什么动物？小鸭子跑第几？

活动延伸

1. 猜猜它是谁。

参考提问：在动物运动会图片中，从左边数它排在第四，从右边数它排在第二，它是哪个小动？图中一共有几个小动物？

2. 把第四朵花染成红色。

要求幼儿自己画，但不要求幼儿从哪边开始数。

（4）体验基数和序数之间的转换

对于自然数的基数意义（即表示事物数量的多少）和序数意义（即表示事物的排列次序）的转换，幼儿往往感到难以理解。例如，桌子上有小兔子、小飞机、小汽车、图书和洋娃娃，从小兔子开始数“1”，数到洋娃娃时是“5”，表示洋娃娃排在第五的位置上。但当说“一共有 5 样东西”时，相当于已经把“5”悄悄地从洋娃娃上取下来，并把洋娃娃归入到这一组物品中，而把“5”作为基数使用了。下面的花片排序活动可以有效地帮助幼儿理解基数和序数的不同。

活动名称

花片排序（中班）

活动目标

指导幼儿理解基数和序数的不同。

活动准备

1. 同形状的纽扣若干（纽扣有 5 种颜色，各色纽扣的数量分别为 2，3，4，5，6 或 3，4，5，6，7 不等）。

2. 纽扣排序板一块（见图 4–9）。板中有 5 个框条，各框条的宽度以纽扣直径为准，高度以每种颜色纽扣累加数差 1 递增，例如，第一列为 2 个纽扣高，第二列为 3 个纽扣高……

3. 标有数字 1 ～ 5 的数字卡。

图 4–9　纽扣排序板

活动过程

1. 要求幼儿先把纽扣进行分类，再按各色纽扣数量选择一条合适的框条进行排列，每个框条的纽扣必须是同一种颜色。

2. 将标有数字1～5的数字卡依次分别放入纽扣排序板下面的方格中，表示从第一列到第五列。

3. 引导幼儿运用多种方式进行表达。例如，引导幼儿用语言表达——说出第几个框条里有几粒纽扣，请其他幼儿自选图示表示（如画出第几个框条里的几粒纽扣）或用符号表示，即用数字符号表示第几个框条里有几粒纽扣。

3. 大班数概念教育活动设计与指导

（1）数的分合活动的指导要点

数的分合是指一个数（总数）可以分成两个较小的数，两个较小的数合起来组成原来的数。数的分合实际上反映的是总数与部分数之间的包含关系、等量关系，部分数与部分数之间的互补关系和互换关系。

1）通过操作活动积累有关分与合的经验。例如，教师为幼儿准备4支一样的铅笔，并问幼儿："你们把4支铅笔放在两个笔筒里，可以怎样放呢？有多少种方法？"同时，教师可以把幼儿分的结果用图示表示出来，并逐渐用数字代替。还可以问幼儿："红笔筒里的1支铅笔与蓝笔筒里的3支铅笔合在一起是几支铅笔？跟原来的铅笔数量一样多吗？"教师还可以给幼儿提供大量的分合活动，例如，"分纽扣""盖印章添补数""合起来是几""数组成接龙""数组成连线"等，使幼儿理解、掌握数的分合活动，并感知分合活动的规律。

2）初步掌握数的分合规律。在幼儿有了大量分合经验的基础上，教师要将幼儿先前的分合经验进行归纳、总结，引导幼儿进入新的规律性的学习之中。例如，在进行5的分合活动时，教师可以把幼儿分的结果记录下来（见图4-10），让幼儿观察哪一种记录方法最容易也最好记住。

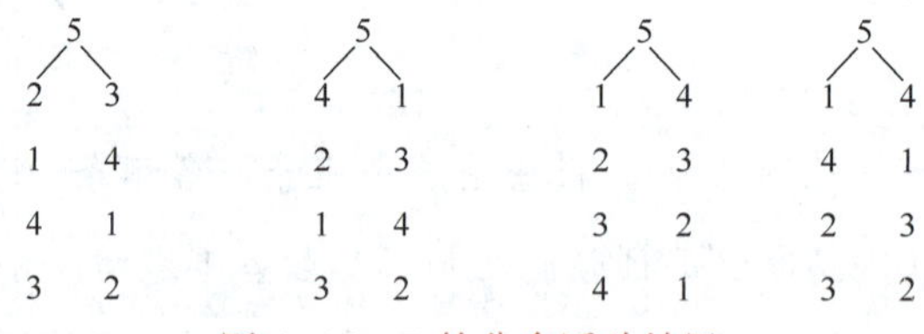

图4-10 5的分合活动结果

通过分析、比较，幼儿知道用第三种方法进行分合活动最容易也最好记住，并且能逐渐认识到"一边的数一个比一个大1，另一边的数一个比一个小1"。在幼儿对一个数的分合规律有了一定的理解、掌握之后，可以让幼儿进一步掌握每个数的分合方法数量，以及和自身比有什么规律。教师可以将 2，3，4，5 的分合式按一定的顺序分别写出来，并依次让幼儿回答 2，3，4，5 的分合方法各有几种。教师这时要让幼儿仔细看分合式（见图 4-11），并帮助幼儿总结：“2 有 1 种分法，比 2 本身少 1；3 有 2 种分法，比 3 本身少 1；4 有 3 种分法，也比 4 本身少 1；那么 5 的分法比它本身又是怎么样的呢？”

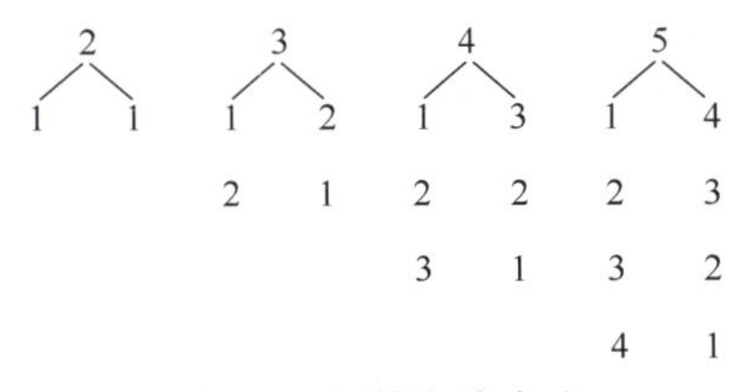

图 4-11　数字分合式

从上面的例子可以看出，让幼儿领会、掌握数的分合规律，主要是让幼儿解决好以下几个问题。

①每个数的分合顺序是怎样的。

②每个数的分合方法有几种，和它自身比有什么规律。

③ 2，3，4，5 四个数分合方法的递增规律是什么。

经过这样的整理、归纳之后，教师就可以带领幼儿进入数的分合的符号运算阶段了。幼儿在掌握上述规律后，就可以按照上面的规律类推后面数的分合了，这对大班幼儿来讲也是非常必要的。

3）通过多种活动和游戏形式巩固对数的分合活动的认识。进行数的分合活动的形式很多，主要可以归纳为三种（见表 4-1）。

表 4-1　数的分合活动的主要形式和具体内容

主要形式	具体内容
实物操作练习	插片、纽扣、玉米粒、水果等都是让幼儿进行数的分合活动的材料，如下图所示
分合作业练习	教师给幼儿提供分合作业单，让幼儿将分合的结果写在作业单上，可采用画图、涂色、点图分割、添补数等方法进行

续表

主要形式	具体内容
游戏练习	教师（做开汽车状）：“嘀嘀嘀，汽车到站了。请问 ××× 小朋友，5 可以分成几和几？” ×××：“5 可以分成 2 和 3，2 和 3 合起来就是 5。” 全体幼儿：“对对对，5 可以分成 2 和 3，2 和 3 合起来就是 5。” 教师：“请你上车吧！” 教师继续做开汽车状，重复进行游戏

活动名称

学习 5 的组成（大班）

活动目标

1. 通过翻 5 个正反面颜色不同的棋子，感知、体验 5 以内数的分合关系。

2. 知道 5 分成的两个部分数之间的互补关系。

活动准备

1. 每个幼儿各 5 个两面不同颜色的棋子、一张记录纸。

2. 小组活动用的练习单若干张及有关用具。

活动过程

1. 集体操作活动

（1）幼儿操作

让每个幼儿取出 5 个棋子，全部白面朝上，数一数，确定总数，提问幼儿：“一共有几个棋子？”（5 个）

让幼儿从左边先把 1 个棋子翻成黑面朝上，提问幼儿：“5 个棋子里有几个黑面朝上？几个白面朝上的？”让幼儿取一张记录纸用圆圈（涂色的圆圈表示棋子黑面朝上，中空的圆圈表示棋子白面朝上）记录黑白两面棋子的数量。接着让幼儿再翻一个棋子，并提问幼儿：“5 个棋子里有几个黑面朝上？几个白面朝上？应该怎样用圆圈记下来？”幼儿明白如何操作后，让幼儿依次翻到只剩下 1 个棋子白面朝上，每翻一次，按翻出的棋子数做一次记录，如图 4–12 所示。

幼儿操作后，提问幼儿："5 能分成几和几？几和几合起来是 5？"

（2）探索互补关系

首先，引导幼儿观察 5 个棋子分出的两部分的数量，从上往下看，让幼儿自己发现，左右两边的数量有什么变化。左边（黑面朝上）的棋子从上到下是由少到多排列，数量是一个比一个多 1；右边（白面朝上）的棋子从上到下是由多到少排列，数量是一个比一个少 1。

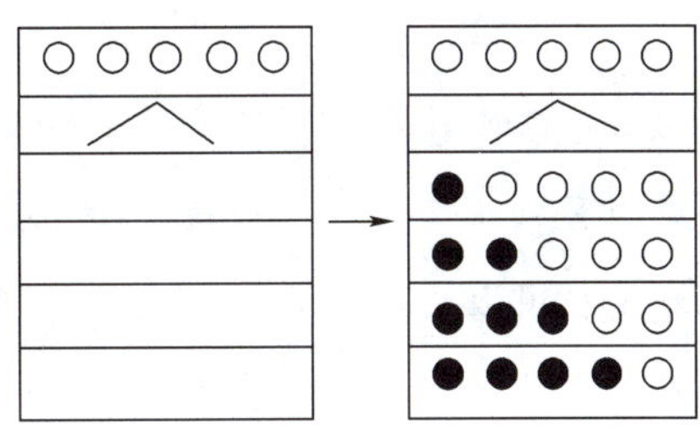

图 4-12　翻棋子记录

然后，引导幼儿讨论：为什么黑面朝上的棋子每增加 1 个，白面朝上的棋子就减少 1 个。启发幼儿发现并说出黑白两面棋子的数量无论怎样变化，合起来都应该是 5，然后让幼儿把每排左右两边（黑、白）棋子数合起来，以验证总数不变的道理。

最后，让幼儿讨论：5 分成两个数时，用一边的数多 1、另一边的数少 1 的方法有顺序地分有什么好处。教师要启发幼儿认识到这样分又快又准，不容易遗漏，也不容易重复。

2. 小组活动

（1）教师示范讲解

分三个小组进行活动，教师对每个小组的活动依次分别进行讲解。

第一组：画线。提供画有每排 5 个圆圈，共 4 排的练习单。要求幼儿先看清每排有几个圆圈，一共有几排；再用笔画短竖线，将每排圆圈分成两部分，每排分出的两个数不要一样，看起来要有顺序，一边递增，另一边递减，如图 4-13 所示。

第二组：变得不一样。提供一边画有每排 4 个圆圈，另一边画有每排 1 个圆圈的练习单。启发幼儿在一边用画掉的办法，去掉一些圆圈；在另一边用添上的办法，添加相应数量的圆圈，使每排两边的圆圈数量合起来还是 5，各排要变得不一样，不能重复，如图 4-14 所示。

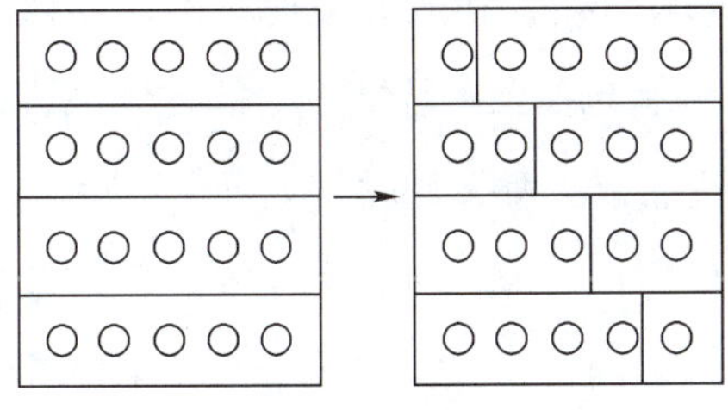

图 4-13　画线

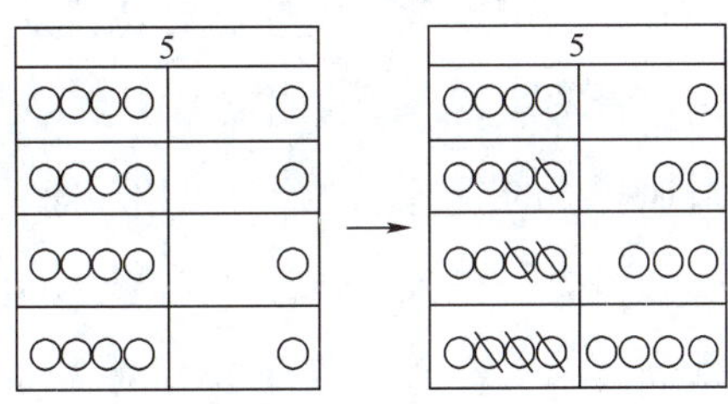

图 4-14　变得不一样

第三组：看图补漏。提供“房子”图，要求每层两间房子的数合起来正好是房顶上的数。教师引导幼儿看图，每一层有两个房间，应该填两个数。有的练习单上只有一个房间有数，请幼儿想一想，这个数和几合起来正好是房顶上的数，就把得出的数填在另一个房间里；有的练习单上的房间里都没有数，幼儿自己想出两个数，这两个数合起来要正好是房顶上的数，如图 4-15 所示。

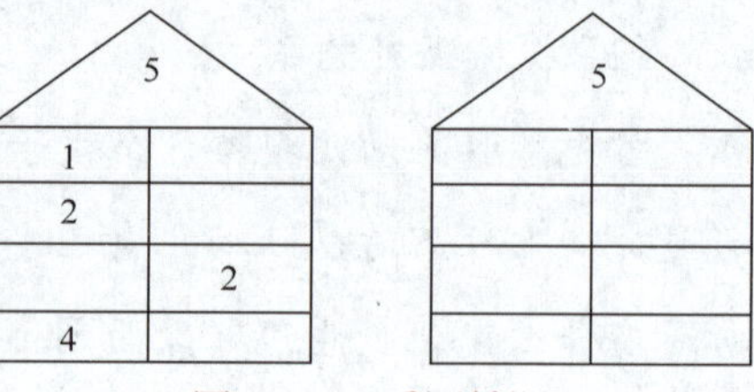

图 4-15　看图补漏

（2）幼儿开展小组活动

幼儿轮流参加三个小组的活动。教师观察了解幼儿的操作活动，及时给予引导，并个别提问幼儿：“怎样做的？”“为什么这样做？”“为什么一边增加 1 个，另一边就要减少 1 个？”“5 分成两个数，有几种分法？分别是几和几？”帮助幼儿表达自己的思维过程和理解自己的操作活动。

（2）10 以内数的加减运算的指导要点

学习 10 以内数的加减运算，其目的是让幼儿初步理解加减法的含义，会解答简单的加减应用题，感知和体验加减互逆关系，发展幼儿的可逆性思维。

1）体验、理解加减法的含义。教师不仅应该主动调动幼儿的情感、态度和生活经验，而且要创设问题情境，激发幼儿内在的需要，令其在解决问题的过程中体验、理解加减法的含义。

教师可以列举幼儿日常生活中的事情或有意识地组织一些活动，通过口述应用题的形式，帮助幼儿理解加减法的含义。例如，教师说：“今天早晨活动时，亮亮用插片插了 1 辆汽车，皮皮也插了 1 辆汽车，他们一共插了几辆汽车？”“对了！他们一共插了 2 辆汽车。”教师还可以边演示边说：“老师给军军 3 支蓝铅笔，给小萌 2 支红铅笔，那么，我一共给了他们几支铅笔？”在幼儿回答的过程中，教师应逐渐帮助幼儿概括应用题中的数量关系。

此外，还可以考虑幼儿已有认读加减法算式题的经验和能看懂简单图片的认知水平，采用看图片算式题找朋友的活动，建立具体事物与抽象的算式题之间的联系，促进幼儿对加减法的理解。教师可以用最简单的能表达加减法意义的图片进行教学活动。

例如，树上有 2 只小鸟，又有 1 只小鸟向树的方向飞来；停车场上有 3 辆汽车，又开来 2 辆汽车，且图片旁有 2+2=4，2+1=3，3+1=4，3+2=5 等算式题卡。在小组活动或区域活动中，让幼儿进行看图片算式题找朋友。可能有的幼儿是先看懂图意后再去找算式题，有的幼儿则是把算式题拿来读后再找相应的图片。实际上，幼儿寻找的过程，就是把用数字符号组合成的抽象算式题与直观的具体化的内容配对的过程，就是对加减法意义的逐步理解过程。

在此基础上，教师可以把图片设计得复杂一些，如停车场上停着 2 辆红色的车，又开来 2 辆车（1 辆为红色，1 辆为黄色）。让幼儿给图片找算式题时，有的幼儿会找 2+2=4 的算式题与图片配对，有的幼儿会找 3+1=4 的算式题与图片配对，甚至有的幼儿会找两道算式题与图片配对。

在多次算式题与图片的配对活动后，引导幼儿作比较，发现不同的图片找到的算式题也可以是相同的。反之，一个算式题不仅可以对应一张图片上的事情，也可以对应其他不同卡片上的事情。最后，教师可以在集体性的活动中帮助幼儿归纳、总结、提升对加法意义的理解，使幼儿知道飞来了、游来了、拿来了，要和原有相同的东西合在一起计算一共有多少，或合起来有多少等都能用加法来算，用加法算式题来表示。

在理解加法的基础上，同样可以运用上面的方法，让幼儿理解减法的意义。

2）运用数的组成学习加减法。数的组成反映了整体与部分的关系，是抽象加减运算的基础。幼儿在学习加减运算的过程中，一般不太会自觉地运用数的组成经验来解答加减问题。因此，教师要给予指导，使幼儿逐步学会运用数的组成经验进行加减运算。

进行讨论是利用数的组成学习加减法的常用方法。例如，让幼儿看图片列分合式，引导幼儿进行讨论并列出加减算式，尝试理解数的分合与加减的关系以及它们之间的转换。由分合式 1 个和 1 个合起来是 2 个，推出 1+1=2。在幼儿头脑中逐步建立起由组成到加减，由加减到组成的一种理解运算的模式。同时，还可以让幼儿在用分合式列出加减算式的同时，用手中的教具摆一摆，列出加减算式。

案例

活动名称

5 以内减法（大班）

活动目标

1. 通过按图意找减法算式题配对的活动使幼儿理解减法的意义及减法算式题所表示

的意思，并培养 5 以内减法算式题的较迅速的口算能力。

2. 培养幼儿的观察、比较、语言表达及积极思维能力。

活动准备

1. 喝饮料卡（见图 4–16）、车到站卡（见图 4–17）、开窗卡（见图 4–18）及 5 以内减法算式题卡（见图 4–19）若干。

图 4–16　喝饮料卡

图 4–17　车到站卡

图 4–18　开窗卡

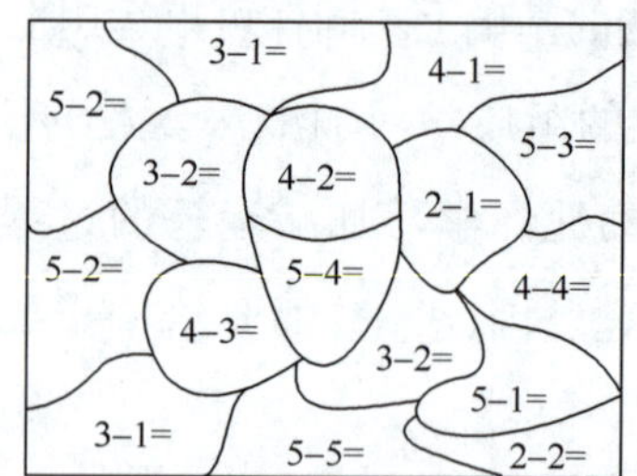

图 4–19　5 以内减法算式题卡

2. 贴有数字 1 ～ 4 的自制信箱各一个，有一道 5 以内加法算式题的“信”若干。

3. 每个幼儿一份写有减法算式题涂色用的动物图及蜡笔若干。

活动过程

1. 看图找算式题配对，并讲述算式题所表达的意思

（1）教师出示喝饮料卡和车到站卡，请幼儿在桌上寻找可以与图片做朋友的算式题卡。

1）读一读找到的卡片上的算式题。

2）讲一讲算式题所表达的图片的意思。

教师小结：我们看懂了图片的意思，找到了可以和它做朋友的算式题，知道要从原有的饮料里去掉喝掉的杯数，从原来乘车的人中去掉下车的人数。要算算还剩下多少时，都可以用减法算式题表示并算出结果。

3）想一想，在我们周围关于吃的、用的、玩的东西或发生的事情中是否也有能用

3–1=2 或 5–2=3 来表示的。

（2）出示开窗卡，请幼儿仔细看一看、想一想，对这张图片能找出哪些不同的减法算式题来表示图片的意思。

教师小结：有的图片只能表示一种意思，也就只能找一道算式题来和它做朋友；有的图片能表示几种意思，那就可以找几道不同的算式题和它做朋友。小朋友们以后看图片要更加仔细，尽量把能和它做朋友的算式题全部找出来。

2. 玩送信的游戏

（1）出示游戏材料——四个自制信箱和许多信，让幼儿观察、思考、讨论游戏的玩法和规则。

（2）请幼儿以小组为单位分别打开四个信箱，按游戏规则检查“信”是否都送对了。

3. 算算涂涂

出示 5 以内减法算式题卡，计算减法算式题，按答数涂色。答数是“1”的涂自己喜欢的颜色，答数不是“1”的不能涂色。

幼儿运用数的组成学习加减法时，最好通过他们自身的活动来列算式题，这样更便于幼儿理解算式题中每个数字及运算符号的意义，同时可以更好地理解转换成分合式的含义，加深幼儿对数运算的理解。

3）学习自编应用题。引导幼儿学习自编应用题，有助于发展幼儿对生活中简单数量关系的理解。幼儿学习自编应用题的重点是引导幼儿掌握应用题的结构，难点是如何根据两个条件提出一个问题。因此，教师在组织幼儿学习自编应用题时，可以参考以下的步骤。

步骤一：通过图片使幼儿了解并掌握应用题的结构。

让大班幼儿学习自编应用题，需要幼儿掌握应用题的结构。即：①它讲的是一件事情；②要有两个数，这两个数说的是一样的东西；③最后还要提出一个问题。为此，教师可以以图片编的应用题为例，和幼儿一起讨论分析应用题结构中的这三个要求。例如，讨论“机场上有 5 架飞机，起飞了 2 架飞机，机场上还剩几架飞机？”使幼儿逐渐明白，这道题符合上面的三个要求。

步骤二：给幼儿创设编题的情境。

开始可以给幼儿提供各种编题的条件，让幼儿自编应用题。例如，给小红 2 支铅笔，给小军 3 支铅笔，然后要求幼儿根据这个活动编题。在组织的活动中有一定的情节及数量关系，让幼儿根据这个活动的内容编题。此外，还可以给幼儿提供算式题或两个数字，让幼儿凭借自己的想象力和对加减运算的理解编题。

步骤三：自由编题。

不提供任何编题的条件，让幼儿完全根据自己的生活经验和知识编题。这也是幼儿非常喜欢的编题形式，同时，自由编题能唤起幼儿头脑中有关加减情境的表象，对幼儿掌握加减运算由具体过渡到抽象起到中介和桥梁作用，从而促进幼儿抽象思维能力的提高。

第三节　幼儿数概念教育活动设计与指导参考案例

一、幼儿序数运用教育活动设计与指导

活动名称

搭楼房（大班）

活动目标

1. 会用点数的方法从不同方向确定 10 以内的物体的排列顺序，能正确运用序数表示楼房的层数和栋数（活动重点和难点：能从不同的方向确定物体的排列序数、能有序地为楼房贴上数字）。

2. 乐意与同伴合作拼搭楼房，并能感受活动的快乐。

活动准备

1. 教具：中型积塑若干、1 ~ 10 数字卡片、小动物卡片、场地布置（用泡沫垫铺在教室中间作为基地）。

2. 学具：空白小卡片若干、彩笔、胶水。

活动过程

1. 导入

教师：“小朋友们，你们知道自己的家在几楼吗？”（让幼儿说出自己家所在的楼层）

2. 操作活动，引导幼儿给小动物搭建楼房

教师：“听到这么多的楼层，森林里的小动物们说它们也想住楼房了，小朋友们能不能为它们搭建新楼房呢？”

（1）幼儿搭建楼房

幼儿自由组合，利用已有材料为小动物们设计并搭建楼房，教师巡回观察并引导幼儿说出楼房有几层，请幼儿指出第几层在哪里。了解幼儿是否会用点数的方法确定物体的顺序，是否会使用序数词“第几”，是否能区别基数与序数。

（2）教师给出提示问题

教师：“怎么能让每个小动物很快地找到它住在第几层呢？”启发幼儿自己写数字表示楼房的层数，并为每层楼贴上数字。

（3）建构动物小区

教师引导幼儿将自己搭建的楼房集中在一起形成错落有致的动物小区。

教师：“楼房搭建好了，我们就要请小动物搬新家了。可是小区里有许多楼房，小动物们怎么知道自己住在哪一栋呢？”启发幼儿为小区的每一栋楼房编上序号。

幼儿自由商量如何将搭建好的楼房用数字表示，从哪个方向开始数。商量好以后，幼儿为每一栋楼房编上序号。

教师：“动物小区一共有几栋楼房？×××小朋友，你搭建的楼房是第几栋？从哪边数的？你搭建的楼房有几层？”

3. 送小动物回家

教师：“动物小区搭建好了，我们把小动物们送回新家吧。”

幼儿按动物卡片上的栋数将小动物们送到相应位置，教师巡回观察，检查幼儿的操作是否正确。

二、幼儿认识数字的组成教育活动设计与指导

活动名称

有趣的数字城（中班）

活动目标

1. 认识数字6，理解6的实际意义。

2. 鼓励幼儿积极参与游戏，引导幼儿正确使用、整理操作材料。

3. 学习讲述自己的操作过程和结果。

活动准备

1. 大数卡1、2、3、4、5、6各一张，每个幼儿一个密码箱（用废旧茶叶盒包装，两面贴圆点，挖一个钥匙口），钥匙若干（用硬纸片制作，两面有数字），每个幼儿一个瓶子（瓶身上贴有动物，瓶盖上有数字），每桌一小盒豆子，画有口哨的卡片一张。

2. 几间用积木搭的房屋，每间房屋的门上都贴有一个6以内的数字。

活动过程

1. 我们一起开火车到数字城去旅游

教师："嘿嘿，我的火车几点开？"（出示数卡5）

幼儿："嘿嘿，你的火车5点开。"

教师："嘿嘿，先上几位小客人？"（出示数卡3）

幼儿："嘿嘿，先上3位小客人。"（重复提问、直至所有幼儿上完）

2. 开火车到数字城

（1）认识数字6

教师："数字城派一位数字朋友欢迎大家，看看是几？"（出示数卡5）"数字5说，欢迎大家来到数字城，请大家坐下来。听说来了许多小朋友，数字城也有朋友来看大家。"（出示口哨卡片）"卡片里的口哨像什么？可以表示什么？"

（2）到了数字城，就要玩数字游戏

1）看数字拍手。

2）看数字学兔子跳。

3）看到6蹲下来。

3. 给密码箱找钥匙

教师："数字城里密码箱的配套钥匙乱了，想请大家帮忙给密码箱找钥匙。"每个幼儿一个密码箱、三把钥匙。密码箱的两面都有圆点，钥匙的两面都有数字，一个密码箱只有一把钥匙可以打开，找到配套的钥匙后，将其插到密码箱的钥匙口。请幼儿讲述自己找钥匙的结果。

4. 帮豆宝宝搬家

教师："数字城为了感谢大家帮忙给密码箱找到了配套钥匙，送给每个小朋友一个瓶子作为礼物，瓶子上有小动物，豆宝宝看见了，心里可喜欢了，想住到动物瓶里，我们一起帮豆宝宝搬家，瓶子上有几只小动物，就住几只豆宝宝，不能多住，也不能少住。豆宝宝在里面好开心，但不知道住的是几号瓶，我们看清房间号帮它关上房门（有几个豆宝宝，就盖上贴有数字几的瓶盖）。"请个别幼儿讲述操作过程和结果。

5. 找房间

教师："天黑了，我们要在数字城住下来，这有几间房子，房间号是几，就住几个小朋友。住进去后请小朋友们自己数数验证一下。"

教师："天亮了，小朋友们该回家了，我们坐汽车回去喽！"（放音乐）

活动建议

1. 活动中盒子两面都有圆点，钥匙两面都有数字，这对个别幼儿难度较大，可以设计成密码箱的圆点及钥匙上的数字有两面的，也有一面的，这样既可以兼顾群体需要，又能满足个体差异。

2. 给豆宝宝搬家时，可以按"搬家—关门—贴房间号"的顺序设计。这对幼儿来说又增加了难度，所以具体实施应根据幼儿发展水平来确定。

案例二

活动名称

奇妙的数字（大班）

活动目标

1. 感受数字丰富的变化，体验数字给生活带来的方便和乐趣。

2. 认识 9 以内的数字，会数数，并重点区分 6 和 9。

活动准备

不同数量组合的几何图形卡片若干，玩具小动物三个，每个幼儿一份数字卡片，白色纸条、胶水、记号笔若干。

活动过程

1. 看图编电话号码

教师："小朋友们马上要去春游了，如果你们想邀请小动物们一起去，请大家想想有什么办法邀请它们呢？"

教师："小朋友们说得对，打电话是一个好办法，可打电话要查电话号码，我们来查一查小动物家的电话号码吧。"

教师分别出示不同数量组合的几何图形卡片三张，告诉幼儿，小猴、小熊、小兔家的电话号码就在里面，请幼儿分组根据图形数量数数，并猜出电话号码。

2. 贴电话号码

请各组派代表在黑板把数字显示出来（各组可以用数字贴号码，也可以用笔写号码），集体认读号码（34520169、34520196、34527801）并验证号码的正确性，由教师拨打电话。

3. 进一步感知电话号码数字的丰富和变化

（1）思考

这些号码都有八个数字，为什么电话号码是不一样的？

（2）观察

这三个电话号码中有哪些不一样的地方？有哪些相同的地方？（小猴家号码的最后两位是6和9，小熊家号码的最后两位是9和6，小兔家号码的最后两位没有6和9；三个号码都是8位数，前面都是3452）

（3）区分6和9

教师："你们发现6和9有什么不同吗？老师也常把6和9弄混，请你们帮我记住它们。"（让幼儿说出6的圆圈在下面，9的圆圈在上面）

4. 交流所收集的电话号码

请幼儿大声地认读自己带来的电话号码。

"你们知道电话号码是几位的吗？"（让幼儿根据生活经验讲述，教师加以归纳总结，帮助幼儿了解电话号码是多位数的，如北京市的家庭电话号码是8位的，区号是3位数的等）

5. 给小动物编电话号码

有许多小动物家还没有电话，我们用数字帮它们编个电话号码吧（可以用贴数字的方法，也可以用笔写）。有意识地让幼儿认读出自己编写的电话号码；教师巡视，可进一步提出新的要求，如提示幼儿每个数字只可以用一次。活动结束后，收集全体幼儿所编的电话号码，制成一本电话号码记录本。

三、幼儿加减运算教育活动设计与指导

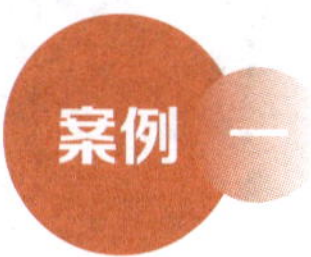

活动名称

趣味围棋赛（大班）

活动目标

1. 学习 9 的加法，能根据每次黑白棋子的数量列出 9 的加法算式。
2. 感受合作下棋的乐趣，体验成功的喜悦。
3. 能根据操作的结果列出算式并进行计算。

活动准备

1. 棋盘 8 副，围棋子若干。
2. 8 以内的数字卡片和算式卡若干，9 的加法算式等。

活动过程

1. 复习 8 以内的加减法

教师："今天幼儿园要举行趣味围棋赛，你们想参加吗？"（选幼儿参赛）"参赛队员在赛场不能乱跑，要坐在自己的位子上。老师这里有一些门票，请小朋友们对号入座。"

幼儿根据门票上的算式算出答案并找到自己的座位坐下。

2. 学习 9 的加法并列出算式

（1）热身赛

教师："比赛马上开始，小朋友们准备好了吗？相对的两人一组，两人一副棋盘，一人执黑棋子，一人执白棋子。"

教师："首先，我们来进行热身赛，每组小朋友用'剪刀、石头、布'游戏的方式决定谁先出棋。我出示一个算式，要求小朋友们出的黑棋和白棋合起来是我给出的数。"

（2）趣味黑白棋大赛

学习 9 的加法，能根据每次摆黑白棋的数量列出 9 的加法算式。

教师："正式比赛现在开始。规则是两个小朋友为一组摆棋，每摆一次各自列出一道算式。"（第一轮比赛开始，一个幼儿先出一部分棋子，另一幼儿根据前一幼儿出的棋子数量，出另一部分棋子，然后两个幼儿根据双方所出棋子数量列出加法算式并进行

计算）

（3）验证趣味黑白棋大赛的结果

教师："请把你们列出的算式告诉大家。"

幼儿验证记录卡。

（4）重复比赛

用同样的方法开始其他几轮的比赛，学习其他几组 9 的加法。

（5）询问结果

问一问每组幼儿所列的算式及其结果。

活动延伸

将棋盘、棋子放到活动区供幼儿自由操作。

案例二

活动名称

超市购物乐（大班）

活动目标

1. 积极参加数学活动，体验玩中学、学中玩的乐趣。

2. 能在熟悉的生活环境中操作练习，进一步掌握 10 以内的加减运算。

3. 初步尝试计划购物，萌发合理消费的意识。

活动准备

1. 师幼共同准备 1 元、2 元、5 元、10 元购物券（自制）若干；收集水果、蔬菜、玩具、饮料、学习用品、零食若干（保证物品的卫生），并贴上价格标签（价格为 10 元以下）；自制收银机 4 台。

2. 6 类物品分类标记，超市货架 12 个；每个幼儿 1 个购物篮，自制奖品 10 个。

3. 每个幼儿 1 套购物记账单、水彩笔和答题卡。

活动过程

1. 以超市经理招聘员工的形式复习物品分类及 10 以内的加减法，并布置超市。

（1）教师以经理的身份对员工提出要求

请幼儿正确将超市里的物品进行分类，并按照标记将物品放在货架上。（幼儿按要

求快速布置好超市，动作又好又快的幼儿可聘为优秀员工）

（2）以招聘收银员的形式，复习 10 以内的加减法

教师出示加减法答题卡，幼儿抢答。根据幼儿答题情况招聘 4 ～ 5 名收银员。

2. 邀请智慧顾客，学习记录购物记账单。

条件：会记录购物记账单，能遵守超市规则，文明购物。

教师讲《马大哈买西瓜》的故事（自编），引导幼儿学习记录购物记账单。

附：购物记账单

一共有多少钱	所购物品		用去几元钱	列出算式	还剩几元钱	列出算式
___元			___元		___元	
___元			___元		___元	
___元			___元		___元	

3. 进行超市购物乐游戏，综合练习 10 以内的加减运算。

玩法：将幼儿分为收银员和顾客两部分，每位顾客发 10 元购物券。每次可购 1 ～ 2 件物品，顾客选好物品后，收银员和顾客一起计算一共用了多少钱，然后收银员将零钱正确找给顾客。每次购物后，顾客要填写购物记账单才能再次到超市购物。

4. 交流讨论：我的购物记账单，评选优秀员工和智慧顾客。

（1）组织幼儿交流展示自己的记账单，根据幼儿记账情况了解幼儿的加减运算情况。

（2）讨论：为什么同样用 10 元钱，有的小朋友买的物品样数多，有的小朋友买的物品样数少。

看一看幼儿购买的物品种类是否单一，请幼儿说一说为什么要买这些物品，从而引导幼儿了解计划购物的意义，萌发合理消费的意识。

（3）根据购物记账单的交流展示引导评出优秀员工和智慧顾客。

5. 组织幼儿分享自己所购买的物品，充分体验玩中学、学中玩的乐趣。

6. 师幼共同整理活动场地。

活动建议

本次活动以超市作为幼儿学习的环境，以 10 以内的加减运算练习为主线，幼儿充分运用已有生活经验进行模拟活动。在整个游戏中，幼儿兴趣浓厚，参与积极性高，基本上每个幼儿都能融入活动中，并且在真实的生活游戏中解决问题，在算账、找零钱，记录账单等各种新的挑战和不断成功解决新问题的过程中获得自信心，感受和体验其中

的乐趣。在分析幼儿记录的购物记账单时，引导幼儿合理消费、有计划购物，自然地将社会和科学两个领域相互渗透，让幼儿在愉悦的氛围中实现“玩学合一”，获得新的知识、技能和经验，体验成功后的喜悦。

四、幼儿数概念综合教育活动设计与指导

活动名称

造房子（大班）

活动目标

1. 练习点数 20 以内的物品，不跳数、漏数、重复数。

2. 在一定的空间关系里能识别物品的数量。

活动准备

1. 磁力棒 300 根，磁力球 50 个，磁力板 15 块（供 15 个幼儿使用）。

2. 房子设计图 5 种（见图 4-20）。

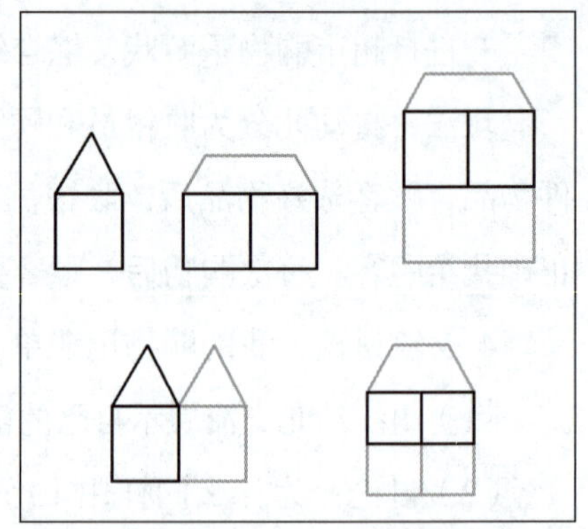

图 4-20　房子设计图

活动过程

1. 第一次造房子

（1）教师出示第一幅房子设计图，提出问题，引导幼儿进行观察和点数。例如，这所房子是由哪些部分组成的？（一个屋顶、一个房间）建这所房子用了哪些材料？每种材料各用了多少个？（棒 6 根，球 5 个）

（2）请几个幼儿上来数一数，并说一说他们是怎么数的。教师分别对每个幼儿数数的方式作总结。例如，先数房顶，再数房间，从上边数到下边，再从左边数到右边。

2. 第二次造房子

（1）教师出示第二幅房子设计图，再次引导幼儿观察和点数。例如，这所房子是由哪些部分组成的？（一个屋顶、两个房间）建这个房子需要多少根棒？多少个球呢？

（2）给每个幼儿一块磁力板（如幼儿数量较多，可以分组），请幼儿自己数一数需要的材料数量，根据所数的数量拿取材料，按照设计图在磁力板上造房子。

（3）教师根据巡视的情况，请几个幼儿上来展示作品，并数一数、说一说搭建这个房子需要多少材料，自己拿的材料是否正好。

3. 第三次造房子

（1）教师出示余下的房子设计图。请幼儿选择一所房子设计图，然后根据自己点数的结果拿取正确数量的材料，在磁力板上造房子。

（2）教师根据巡视的情况，请几个幼儿上来展示作品，并数一数、说一说搭建这个房子需要多少材料，自己拿的材料是否正好。

活动名称

数字作用大（大班）

活动目标

1. 发现数字在生活中的实际运用，感受数字的丰富变化，体验数字给生活带来的方便与乐趣。

2. 具有认识和探索数字的兴趣，学会用数字知识、经验来解决生活中的问题。

活动准备

1. 经验准备：幼儿寻找生活中的数字，比如幼儿园、家、超市、公园、马路等地方的数字，并做好记录。

2. 创设环境：电影院（摆好若干小椅子）、超市（柜台及物品）、公交站、娃娃家等。

活动过程

1. 寻找数字，讨论这些数字的意思

（1）把写有数字的卡片放在每一个幼儿的前面，然后玩点名游戏，教师说一个数字，对应的幼儿要站起来。

教师："1 代表 1 号小朋友 ×××。当老师说 1 的时候，1 号小朋友就要站起来。那当老师说 8 时代表什么呢？"（代表 8 号小朋友，8 号小朋友要站起来）

（2）请个别幼儿将搜集到的生活中的数字或者记录讲给其他幼儿听，讲述他对数字的发现，体验数字在生活中的重要性。

教师："钟表上有数字，代表几点几分。

日历上有数字，代表年月日，星期几。

杯子架、毛巾上有数字，代表是哪个小朋友的物品。

食品袋上有数字，代表生产日期和保质期，我们买食品时看看它们，就不会买到过期的食品了。

手机上有许多数字，可以按照电话号码打给他人。

药瓶上有数字，除了代表保质期，还有用量，这样我们生病时，就能知道应该吃几粒药了。

超市的货架上有数字，代表物品的价格、型号等，这样我们就能知道这些物品是不是自己想要的了。

商场的楼梯上有数字，这样我们就知道自己在哪层楼了。

公共汽车上有数字，代表几路车，这样我们就能知道自己要乘坐哪辆车，避免坐错车。

小区的楼房上有数字，代表第几栋楼；每个单元上面有数字，代表是哪个单元，这样我们就能迅速地找到自己的家和朋友的家了。

电影院里有数字，代表座位，这样我们看电影时就能根据数字找到自己的座位。

每天的天气预报有数字，这样我们就能知道第二天的温度了。

……"

教师小结：在幼儿园、家里、商场、超市、马路、电影院等地方和物品包装上都有数字，它们都有不同的用途。

（3）引导幼儿讨论——没有数字会怎么样

帮助幼儿理解人们离不开数字，数字在人们的生活中很重要。生活中处处有数字，它可以表示顺序、日期、时间等，如果没有数字，生活就会变得一团糟，甚至还会出事故。

2. 分一分，引导幼儿对观察到的数字进行分类记录

（1）有规则排列的数字

1）顺序的数字，如钟表上的数字、楼层上的数字、幼儿被点名时的数字等。

2）按奇偶数排列的数字，如电影院的座位号、街道两边的门牌号码等。

（2）无规则排列的数字

电话号码、车牌上的数字或条形码等。

3. 创设各种游戏情境，让幼儿在情境中运用数字解决问题

（1）娃娃家：请几个幼儿设计门牌号、单元号、楼层号、电话号码等。

（2）电影院：为座位设计号码、设计电影票。

（3）公交站：设计几条公共汽车路线和配套的站牌。

（4）超市：设计各种物品的价格。

活动建议

活动的最后环节是创设一些游戏环境，让幼儿在游戏情境中用数字解决问题。娃娃家、超市是幼儿比较熟悉的，幼儿能够较快地解决问题，而电影院是幼儿比较陌生的事物，只有在教师的引导下，才能了解如何表示排数、如何用单双数表示座位号等。公共汽车路线比较复杂，幼儿在小组合作时经常会发生矛盾，需要教师参与协商解决。

思考 · 练习

1. 幼儿计数能力的发展特点有哪些？
2. 设计一个区分基数和序数的教学片段。
3. 如何运用实际生活素材引导幼儿进行加减运算的教育活动？
4. 运用数的组成方法设计一个大班加减运算的教育活动。

第五章 幼儿几何形体概念的发展和教育

学习目标

- 掌握幼儿几何形体概念的发展阶段
- 明确幼儿几何形体概念的教育目标，掌握幼儿几何形体概念教育的指导要点
- 能够设计与指导幼儿几何形体概念教育活动

第一节 幼儿几何形体概念的发展

几何形体是对客观物体形状的抽象和概括，它是人们用来衡量物体形状的一种标准形式，包括平面图形和立体图形。引导幼儿认识常见的几何形体，是幼儿数学教育的重要内容之一。

一、几何的相关基础知识

1. 平面图形

如果图形上所有的点和线都在同一个平面内，这样的图形叫作平面图形，如四边形、三角形、椭圆形等。

（1）四边形

在同一平面内，由四条线段首尾顺次连接所组成的图形叫作四边形。常见的四边形主要有长方形、正方形、菱形、梯形等。

（2）三角形

由三条线段首尾顺次连接所组成的图形叫作三角形。三角形如果按角的大小来分，可以分成锐角三角形、直角三角形和钝角三角形；如果按边的长短来分，可以分成等边三角形和不等边三角形。

（3）椭圆形

在平面内，到两个定点的距离之和等于常数的点所组成的图形叫作椭圆形。圆形是椭圆形的一种。

2. 立体图形

由空间的点、线、面所组成的图形叫作立体图形，也称几何体。

（1）平行六面体

由六个平行四边形所围成的封闭图形叫作平行六面体。六个面都是矩形的平行六面体是长方体，六个面都是正方形的平行六面体是立方体。

（2）圆柱体

以矩形（一种特殊的平行四边形）一边所在的直线为旋转轴，其余各边绕这个轴旋转一周形成的曲面所围成的几何体叫作圆柱体。

（3）球体

以一个半圆的直径为旋转轴，由这个半圆旋转而形成的曲面叫作球面，球面所围成的几何体叫作球体。

3. 等分

等分就是把一个整体分成几个相等的部分。把一个整体分成相等的两份，叫作二等分，其中的一份占整体的二分之一。如果把一个整体分成相等的四份，叫作四等分，其中的一份占整体的四分之一。

幼儿对几何形体的感知受空间知觉能力的影响。一方面，几何概念的学习有赖于幼儿空间概念的发展；另一方面，几何概念的学习又对幼儿空间能力的改善起促进作用。由于幼儿空间知觉的发展比较缓慢，因此，幼儿对几何形体概念的感知和认识要有一个过程，是一个需要先内化再外化的过程。

二、幼儿几何形体概念的发展特点

1. 幼儿认识几何形体要经历一个由粗略到精细的过程

与数概念相比较，几何形体更容易被幼儿所接受。幼儿每天就生活在由各种各样有形物体构成的空间之中。他们在正式学习几何形体之前，早就与各种事物的“形”或“体”打交道了，幼儿就是在对各种物体形状的辨认中认识了周围的世界。但幼儿最早接触的那些“形”或“体”还没有脱离事物的形态，还不是通常所说的对事物有抽象和概括意义的几何形体。因此，幼儿对几何形体的认识要比他们对实物图形的认识晚好几年。幼儿早期认识几何形体只注意外部轮廓，不善于区分图形的细微差别。

知识卡

幼儿几何形体概念的发展阶段

皮亚杰把幼儿几何形体概念的发展划分为四个阶段。

第一阶段（3 岁前）：涂鸦阶段。

第二阶段（3 ～ 4 岁）：能区分画出封闭图形，开放图形，两圆的内外关系、相交关系，但不能分辨不同的封闭图形（如画出的三角形、正方形和圆形都是不规则的封闭曲线）。

第三阶段（4 ～ 6 岁）：能分辨直线和曲线图形，对直线、角、斜度等概念的认识开始发展。

第四阶段（6 ～ 7 岁）：能正确地画出所有图形，具备了欧氏几何的形状概念。

皮亚杰关于幼儿几何形体概念发展阶段的划分，揭示了幼儿认识几何形体的一般规律。在日常生活中，我们也会发现：让 3 ～ 4 岁的幼儿画正方形、三角形时，他们往往只能画出近似图形的样子；4 岁以后，幼儿逐步能把曲线图形和直线图形区分开来，但有些直线图形他们还不能很好地加以区分；幼儿到 6 ～ 7 岁才能较准确地区分常见的图形，并掌握一些图形的基本特征。

幼儿认识几何形体是有一定顺序的。认识平面图形的一般顺序是：圆形、正方形、三角形、长方形、椭圆形、梯形。认识几何形体的一般顺序是：球体、圆柱体、正方体、长方体。幼儿认识几何形体的顺序一方面和几何形体的复杂程度有关，另一方面和生活经验有关。

2. 幼儿认识几何形体容易受他们生活经验的影响

2～3岁的幼儿认识物体的形状受他们自己生活经验的影响很大，往往把几何形体理解为他们所熟悉的物体。例如，幼儿见到球体形状的物体就叫大皮球、大苹果，见到不同形状的圆形就说是饼干、插片等。小班幼儿能叫出圆形、正方形、三角形的名称；中班幼儿已经能够区分几何形体与他们熟悉的物体，并开始把几何形体与他们熟悉的物体进行比较，如幼儿会说“椭圆形像镜子”等；大班幼儿开始把几何形体作为物体形状的标准形式去衡量物体的形状，能够说出物体的某部分形状像哪种几何形体，如灯管是圆柱体的，皮球是球体的，饼干是正方形的，鱼盘是椭圆形的等。

（1）幼儿认识几何形体易受摆放位置的影响

如果图形不按习惯的位置摆放，幼儿常常会认不出来，如将正方形偏转45°后，幼儿就认为它不是正方形了。

翻转三角形

（幼儿4岁多，中班）

教师：“这是什么形状？”

幼儿：“三角形。”

教师：“真聪明！知道这是三角形。那么这样子呢？”（将小卡片当着幼儿的面翻转，使顶点朝下）

幼儿：“不知道。”

教师：“不知道？再想想看，这是什么形状？”

幼儿：“不知道。”

教师：“好！那么这样子呢？”（将小卡片翻转过来）

幼儿：“三角形。”

教师：“告诉老师，什么叫三角形？”

幼儿：“这边有三个角，这样子叫三角形。”（用手指整个图形）

教师：“这边有什么？”

幼儿：“这边尖尖的，跟这边还有那边一样。”（用手先指朝上的顶点，再陆续指其余的两角）

教师："哦！我懂了。这边尖尖的（手指朝上的顶点），这两边也尖尖的。还有这边是上面还是下面（手指朝上的顶点）？"

幼儿："上面、左边。"

教师："上面、左边？"

幼儿："还有右边。"

教师："哦！上面、左边、右边都是尖尖的。好！那么这个样子呢？这是什么形状？"（将小卡片当着幼儿的面儿翻转，使顶点朝下）

幼儿："不知道。"

教师："好！谢谢你。"

从上述情景中可以看出，幼儿对几何图形的认识还受知觉和视觉形态的影响，他们往往不能以图形的基本特征作为界定图形的主要因素。

（2）幼儿往往不能区分几何图形和具体的物体

幼儿开始只能认识具体的物体，没有抽象的图形概念，分不清几何图形和具体的物体，如把圆形叫作太阳，把并列的两个圆形叫作眼睛，把正方形叫作手帕等。随着年龄的增长，幼儿会逐渐区分几何图形和具体的物体，如说圆形像太阳、像盘子，四边形像小红旗等；然后才能进一步把几何图形作为比较、区分物体的标准，按物体的形状进行分类，知道盘子、车轮是圆形的，火柴盒是长方形的等。

第二节　幼儿几何形体概念的教育

一、幼儿几何形体概念教育目标

幼儿几何形体概念教育目标

小　班
认识圆形、正方形、三角形，能够正确说出图形的名称，能够在周围环境中寻找和图形相似的物体

续表

中　班
1. 会用各种几何体（如积木或积塑）进行拼搭和建造活动，体验图形的边角关系
2. 能根据圆形、正方形、三角形等的特征进行分类和排列
大　班
1. 能指认正方体、长方体、球体、圆柱体，并能根据几何体的基本特征进行分类和排序
2. 能体验和理解平面图形之间的关系
3. 会将实物或图形作两等分或四等分

二、幼儿几何形体教育活动设计与指导

1. 让幼儿感知、比较物体的各种形状，辨认几何形体

在日常生活中，物体都是以不同的形状呈现在我们面前的。幼儿在生活中认识各种物体的同时，也在感受着物体的各种形状，而这些形状与几何形体有着很多的相似之处。因此，让幼儿在日常生活中感知、积累、学习有关的数学经验，也是对幼儿进行数学教育的一种主要方法。

例如，幼儿喜欢的插片、积木等各种各样的物体，不仅在功能上存在不同，在大小、颜色、形状上也不一样，幼儿在触摸和摆弄中发现了形体的特征，发现了什么物体有平的面，什么物体能滚动，什么物体可以码高等。教师可以有意识地让幼儿把相同形状的东西挑出来，用手指触摸它们的边和角，还可以数一数正方形的插片有几条边、几个角，比一比正方形插片与三角形插片有什么不同。还可以引导幼儿广泛地寻找生活中能见到的物体，启发幼儿想一想、找一找，哪些东西是正方形，哪些东西是三角形等。与此同时，还可以让幼儿给不同的插片"照相"，在纸上沿着物体的边画下来，再把它们剪下来。这样，幼儿不仅可以加深对各种形状的感知、体验与认识，还可以获得一套图形卡片。幼儿利用这套卡片可以进行很多活动，如进行图形分类、排序，利用图形进行拼图、涂色活动，和教师一起装饰班级的墙壁等。如图5-1所示就是一个看图辨认几何图形的例子。

对于中、大班的幼儿来说，教师可以引导幼儿将搜集到的包装盒拆开，让幼儿数一数拆开后的盒子有几个面；然后让幼儿回答这些面分别是什么形状，这些面有什么不同；接着让幼儿在每个面上画上自己喜欢的图案，再将拆开的纸盒粘好，还原成一个纸盒。通过这些活动可以让幼儿体验、感知立体图形与平面图形之间的关系。

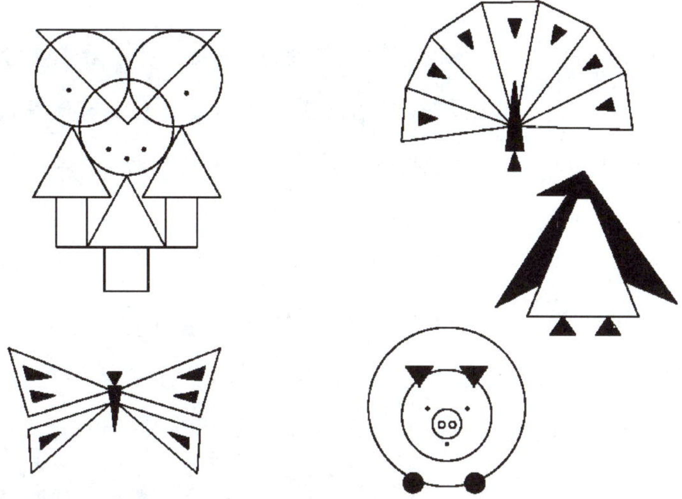

图 5-1　看图辨认几何图形

2. 通过操作活动让幼儿感知和体验几何图形的基本特点

让幼儿动手操作进行认识几何形体的活动是教师教学时经常采用的方法之一。例如，让幼儿按照要求寻找相应的图形匹配，用几何图形拼图或用火柴棍拼图，沿着轮廓剪图形，再进行图形分割、图形转换、图形守恒等活动，这些都是可以让幼儿感知和体验几何形体基本特征常用的操作活动。

橡皮筋是一种可以让幼儿随意制作图形的比较好的学具。教师给幼儿提供 10 cm×10 cm 的钉板和若干个彩色皮筋，让幼儿用皮筋绷出几何图形。绷出的图形可以由教师指定，也可以由幼儿自己决定。教师可以根据幼儿的操作情况适时、适当地予以指点，促进幼儿对图形的感知和体验。

情景再现

佳佳绷皮筋

佳佳把皮筋钩在小黑板的一个钉子上，然后双手拉住皮筋的下端往小黑板下面的两个钉子上一套，一个等腰三角形很快就绷出来了。但她觉得活动太简单，没什么意思，于是左顾右盼，想换个活动。这时，老师走过来指着她的三角形说："你能紧靠着三角形的这条边，再绷出一个其他图形吗？"于是，佳佳在三角形的下面绷出一个长方形。老师在一旁点点头说："你绷出的房子还不错，就是房顶小了些。"佳佳一看自己的钉板，果然两个图形变成了一座红顶黄墙的房子。她顿时来了精神，把三角形的底边拉宽了一些，这样一来，房子看上去顺眼多了。可老师让她把三角形还原，问她："如果不改变三角形，还有没有使房顶大过墙的办法？"佳佳觉得有些为难，一旁的亮亮悄悄地挤过来对她说："你不会把下面的长方形弄小点吗？！"佳佳听了恍然大悟……

从上述情景中可以看出，无论是佳佳把"房顶"扩大了一些，还是亮亮建议把"墙"改小，其图形（三角形、长方形）的基本特征都没有改变。这说明每个制作活动的形式虽然不同（如图形的大小、位置摆放的角度不同等），但都可以引出某个图形的基本内容。

3. 通过图形的分割和拼合让幼儿认识图形之间的关系

几何图形的分割和拼合是教师教学时经常使用的方法，这种方法不仅能使幼儿对图形之间的关系有所感知和体验，更重要的是对幼儿的思维发展有很大的作用。通过拼图和分割能将一个图形分成不同的图形，也能用一种图形构造出各种不同的图形，给幼儿提供了一个从不同角度分析、概括事物的机会。

拼图又可以分成看范例（或按要求）拼图和想象拼图。例如，给幼儿提供10个同样大小的等腰直角三角形，要想同时拼出1个三角形、1个正方形、1个长方形、1个梯形，如何使用这10个三角形呢？也可以给幼儿提供足够的图形，让幼儿任意拼图，并把幼儿拼图的结果记录下来，供幼儿欣赏、学习。

活动名称

可变的图形（小班）

活动目标

通过操作活动使幼儿感知与体验一个图形可以分割成几个图形，几个图形可以拼成一个图形，了解图形之间的关系。

活动准备

每个幼儿8个小三角形、4个长方形、4个正方形。

活动过程

1. 试一试

（1）1 个正方形能不能变成 2 个图形？怎样变？能变成 2 个什么样的图形？

（2）1 个正方形能不能变成 3 个图形？怎样变？能变成 3 个什么样的图形？

（3）1 个正方形能不能变成 4 个图形？怎样变？能变成 4 个什么样的图形？

（4）1 个长方形可以由几个三角形组成？

（5）1 个长方形可以由几个正方形组成？

2. 讨论

通过讨论让幼儿了解到图形是可变的，一个图形可以用折叠或与其他图形相拼的方法变成多种图形。

等分也是图形分割和拼图中的一个内容。开始时要注意让幼儿感知规则对称图形，在此基础上，大班可以进行等分的学习。例如，给幼儿提供圆形、正方形、长方形、等腰三角形等规则图形，通过对折、剪、拼、重叠等活动使幼儿逐步理解等分的含义，理解等分后的图形（或物体）与原来的图形（或物体）之间的关系，这也是进行等分教育的关键所在。教师要引导幼儿重视讨论图形分合的结果，理解图形之间的关系和整体与部分之间的关系。

当幼儿较明确地认识了等分概念后，教师应给幼儿提供更广泛的等分材料，不仅仅限于图形，还可以是绳子、纸条、组合图形等，一定数量的物体、数字等其实也是等分材料，如图 5–2 所示。

请把下列数字二等分。

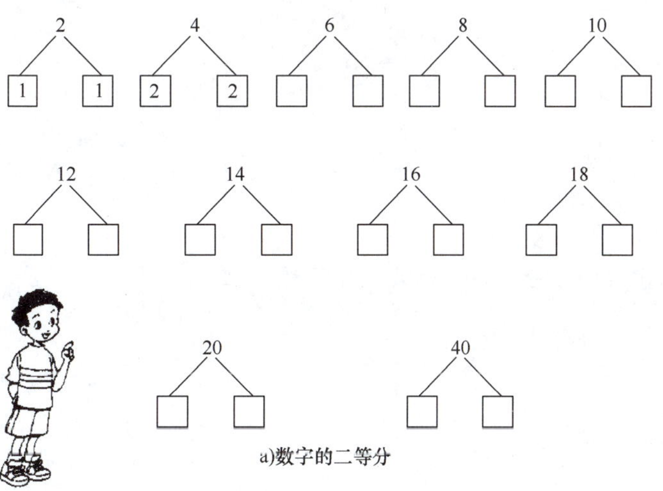

a)数字的二等分

请把下列图形二等分。

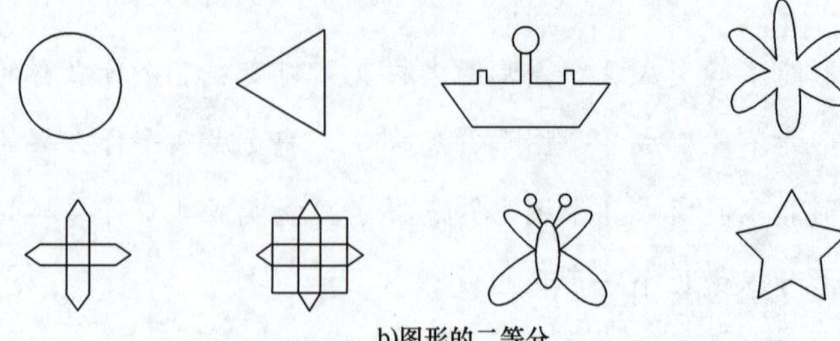

b)图形的二等分

请把下列物体二等分。

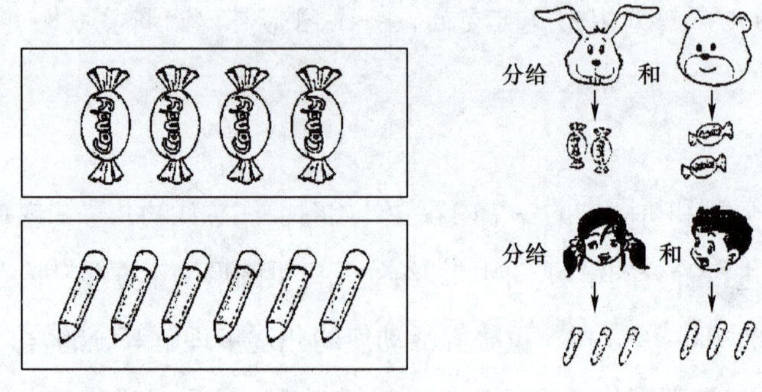

c)物体的二等分

图5-2　等分材料

此外，教师还可以有意识地提供一些分成了两份、四份等，但不是等分的图形，引导幼儿观察、比较和判断。

活动名称

学习四等分（大班）

活动目标

1. 指导幼儿学习四等分，培养幼儿思维的逻辑性。

2. 指导幼儿学习数的等分。

活动准备

1. 同样大小的长方形、正方形各5个。

2. 10张插片。

活动过程

1. 指导幼儿进行图形四等分

（1）试着画一画，将规则图形四等分。

（2）把正方形四等分，有多少种分法？试着折一折，分一分。把长方形四等分，有多少种分法？试着折一折，分一分。等分后的图形的大小一样吗？想一想怎么验证。

（3）试着验证如图5–3所示的分法都是长方形四等分的结果吗？怎样验证？试着折一折，剪一剪，拼一拼。

长方形四等分后会出现什么结果？下面是对长方形的四等分吗？如果是，就在图形下面的□内画“√”；反之就在□内画“×”。

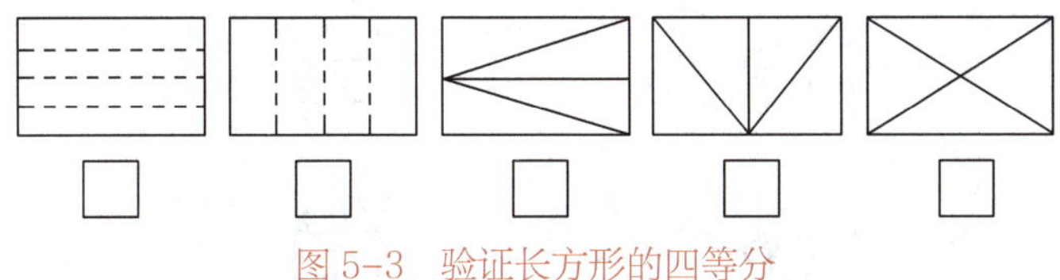

图5–3 验证长方形的四等分

2. 学习数的等分

（1）依次拿出2张、4张、6张、8张、10张插片，并将它们分成两部分，怎么分？

（2）指导幼儿进行数的等分，如图5–4所示。

试着把数字“6”“8”“10”二等分。

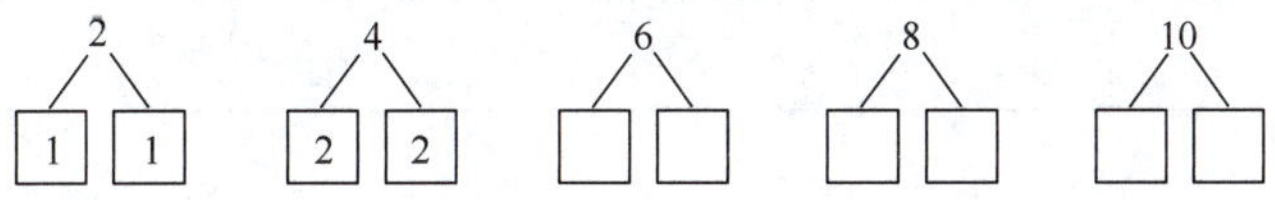

想一想，把“4”和“8”四等分，应怎么分？

按要求填空，并说一说是几等分。

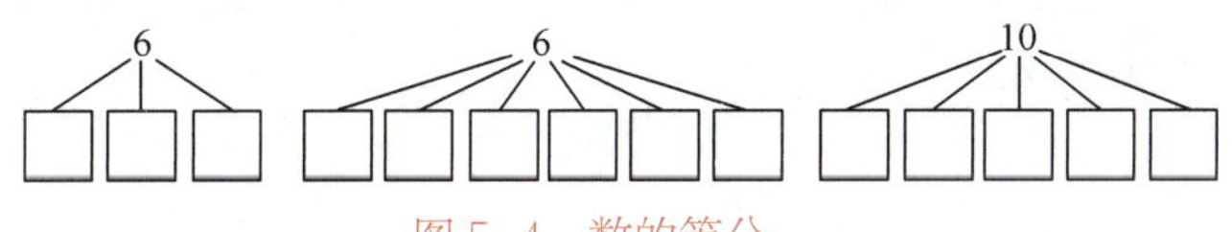

图5–4 数的等分

4. 为幼儿提供接触多种变化图形组合的机会，渗透图形守恒的教育

幼儿在认识几何图形时，常受其当时知觉的影响，而不能正确地辨认图形。当图形的大小、形状、位置等发生变化时，常会影响幼儿对形状的正确认识。因此，在形体教育中，教师要注意“变式”的运用，向幼儿提供多变的图形，使幼儿在辨认图形时，能排除一些无关因素（如图形的颜色、大小、摆放位置等）的干扰，如图 5-5 所示。

请仔细看看，左边这组图形分别是由哪些形状组合而成的；再在右边找找看，看到与左边的图形组成完全相同的图形，请用线把它们连起来。

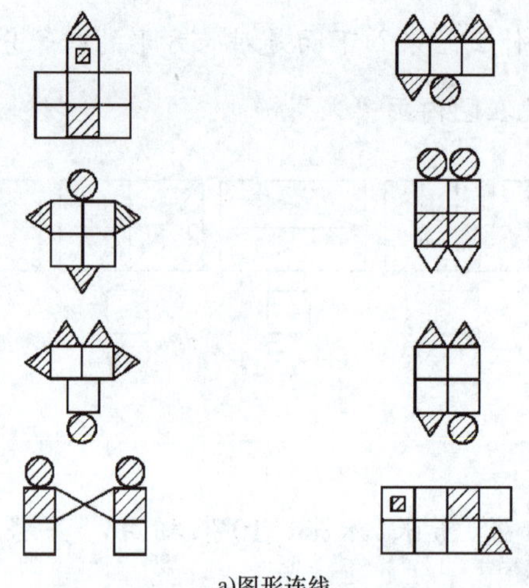

a)图形连线

有三块草地，草地上所有的小方块都是一样大的。请在最大一块草地下面的○内画“√”，在最小一块草地下面的○内画“△”。说一说你怎么知道哪块草地是最大的。

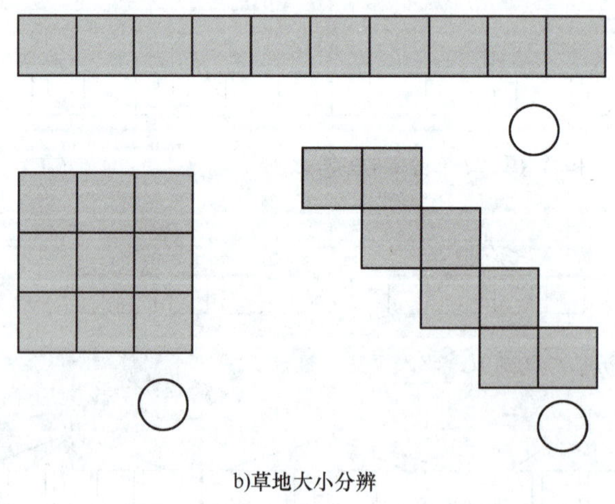

b)草地大小分辨

图 5-5　图形辨认

5. 在其他教育活动中对幼儿进行几何形体的渗透教育

在各种教育活动中，幼儿都可以接触到各种形状，从而巩固、加深他们对几何形体的认识。

在科学教育活动中，幼儿通过对周围各种有形物体进行观察和了解，会发现物体形态的多种特征。他们对其形状的描述就是把在数学教育活动中获得的图形经验加以运用的过程，这样的运用反过来又将促进幼儿对图形的深入认识。

在体育教育活动中，图形概念的渗透也是比较常见的。例如，教师要求女孩们拉手成一个圆队形，男孩们拉手成一个方队形，就可以很自然地让幼儿通过身体的运动体验图形的特征。体育活动的很多器材也是幼儿认识几何形体的好材料，如皮球、乒乓球、飞盘、大小不同的体操垫、用作踩高跷的易拉罐等。幼儿在活动中不仅能使运动神经得到发展，而且还能提高对形体的知觉能力。

游戏材料中有许多是为幼儿体验几何形体而设计的，如几何形体镶嵌板、摸箱、积木、拼图板，还有可以用来绷图形的钉板等。幼儿在使用游戏材料的过程中，就自然复习、巩固了图形概念。教师要充分发挥这些材料的数学教育价值，利用它们为幼儿设计有趣的数学活动。

在日常生活中，几何形体无处不在，但教育的契机总是留给那些能敏锐发现数学价值的人。教师可以引导幼儿运用已有的几何形体知识，寻找与几何形体相似的物体或物体的某一部分。这样，对几何形体的认识又回到具体的物体中来，有利于发展幼儿的观察力和空间想象力。例如，在散步活动中，让幼儿在周围寻找哪些物体像什么形状，或哪个图形可以代表哪个物体等。随处可见的各种包装盒也是幼儿学习几何形体的现成材料。教师可以发动幼儿收集各种盒子等，它们都可以作为拆、合、拼、分的材料，幼儿在摆弄这些“废旧品”的过程中，自然而然地就会发现各种形体的共同属性或“面”与“体”的关系。

第三节 幼儿几何形体概念教育活动设计与指导参考案例

一、幼儿认识几何形体教育活动设计与指导

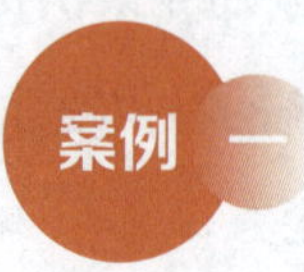

活动名称

什么山洞最安全（小班）

活动目标

1. 能认识并区分圆形、正方形和三角形。

2. 在游戏情境中感知不同的图形。

活动准备

在地上用即时贴贴出三角形、圆形和正方形。

活动过程

1. 开展运动游戏，引起幼儿的兴趣

（1）教师和幼儿扮演兔子，一起轻轻蹦跳。

（2）边念儿歌边游戏。

2. 认识图形，了解图形特征

（1）认识三角形和正方形

教师："小白兔跳着跳着，来到了山脚下，山上有很多山洞（所贴的三角形、圆形和正方形）。小朋友们看看这些山洞的形状一样吗？你们知道它们的名称吗？"（引导幼儿围着图形，数一数图形的角）

> **附：儿歌**
>
> 小白兔，白又白，跳到草地上，吃吃嫩青草。

教师小结：三角形有三个角、三条边，所以叫三角形；正方形有四个角以及四条一

样长的边。

（2）认识圆形

教师："山上有圆形的山洞吗？小朋友们都找一找圆形山洞，说一说圆形像什么。"（引导幼儿学小兔子的样子，在地上所贴的圆形上跳进跳出）

3. 进行游戏：什么山洞最安全

（1）教师带领幼儿继续念儿歌，在念儿歌的过程中，突然告诉幼儿附近出现了大灰狼，大家快躲进山洞里，引导幼儿向教师提问——什么山洞最安全？

（2）教师提示三角形的山洞最安全、正方形的山洞最安全、绿色的圆形山洞最安全。幼儿根据教师的提示，躲到相应图形的山洞里去。教师可以随机问问幼儿躲在哪里。

（3）游戏可以反复进行。

附：提示数学语言的运用

三角形有几个角？它的角在哪里？绿色的圆形在哪里？这个山洞是圆形的吗？

活动名称

有趣的七巧板（大班）

活动目标

1. 通过七巧板，三角形和智力游戏棒、游戏块训练幼儿的动手操作能力，训练幼儿的发散性思维。

2. 会用多种方法进行拼搭，培养幼儿的合作意识及习惯，能用语言表述拼图的结果。

活动准备

厚正方形纸、剪刀和智力游戏棒、游戏块等。

活动过程

1. 教师带领幼儿制作七巧板

（1）将一张正方形的纸对角剪成两个大三角形，其中一个再对折剪成两个小三角形。

（2）将另一个大三角形对折打开，再将直角的顶点向中心点折，然后沿此线剪开，又得到一个三角形。

（3）剩下一个梯形，将它从中一折并剪成两半，一半剪成一个三角形和一个正方形，另一半剪成一个三角形和一个平行四边形。

（4）请幼儿数数剪下的图形共有几块，有几种图形。

制成的七巧板如图 5-6 所示。

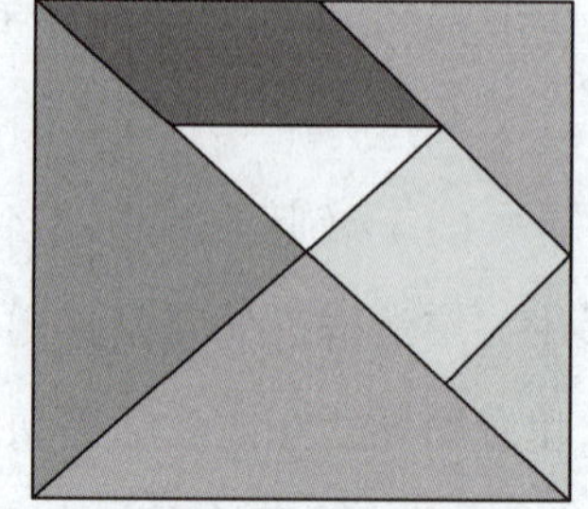
图 5-6　七巧板

2. 七巧板拼图比赛

（1）让幼儿比一比，看看谁拼的图形最多。

（2）鼓励幼儿独立思考，摆出与其他幼儿不一样的图案。

3. 巧拼三角形

教师指导幼儿将三角形拼合成各种各样的图形，拼好之后，用笔沿着图形的轮廓描下来。

4. 拼搭智力游戏棒和游戏块

请幼儿用自己手中的智力游戏棒和游戏块进行拼搭游戏，拼搭出各种图形后，请幼儿介绍自己拼搭的作品。

二、幼儿认识图形关系教育活动设计与指导

案例

活动名称

小兔家的房顶（中班）

活动目标

1. 巩固对梯形的认识，能用几个其他图形拼出梯形，或把一个图形减去一部分改成梯形，体验图形之间的关系。

2. 正确使用剪刀、胶棒等用具，知道将废弃的纸丢进纸篓。

活动准备

1. 教具：等腰梯形的“房顶”和画有小兔子家的拼图底板各一张，三角形、正方形、长方形“房顶”各一个。

2. 学具：正方形、长方形、直角三角形的小图形片若干，配套的拼图底板若干。

活动过程

1. 教师出示拼图底板并告诉幼儿，小兔子家要盖一座新“房子”，已经盖好了“墙”，还缺这样的一个“房顶”。教师出示梯形的“房顶”，让幼儿说出梯形的名称。待幼儿认识了梯形以后，提问：“有没有办法将三角形改成梯形呢？怎么改？”请一个幼儿尝试用大家讨论的方法将三角形改为梯形。然后，要求幼儿自己尝试将正方形和长方形改为梯形。改好后，将梯形贴到底板的“房顶”位置。

2. 教师出示小图形片并问幼儿，小兔子还有一些零碎的“瓦”，有没有办法盖成梯形的“房顶”呢？引导幼儿说出用拼贴的方法。然后，让幼儿自己尝试用几个图形片来拼成梯形，拼好后也可以贴到底板的“房顶”位置。

3. 将所有幼儿剪贴或拼贴的梯形“房顶”展示出来，请幼儿说出各自采用的方法。教师对所有拼贴错误或剪贴错误的“房顶”提出修改意见。

活动建议

类似的活动还可以借“补墙洞”“填水塘”等情境来进行设计。

三、幼儿感知几何形体教育活动设计与指导

活动名称

做做玩玩（大班）

活动目标

1. 通过操作，感知立方体与平面图形之间的关系，了解正方体的特征。
2. 能开动脑筋设计制作道具。

活动准备

1. 正方体积木若干、同样大小的白色及彩色的正方形纸若干。
2. 制作礼盒的平面图形若干、正方体的插片若干。
3. 胶水及彩色水笔。

活动过程

1. 幼儿分组操作，感知正方体的特征

第一组：做礼品盒。用画有六个一样大的正方形的图形纸，动手动脑做成礼品盒。

第二组：做数学角道具。

教师："小朋友们来数一数，这块积木有几个一样大的正方形的面。然后就拿这样大的正方形的纸，在每张正方形的纸上写一个数字或符号（+、-），写好贴在积木的每一个面上，以后小朋友们玩游戏时就能用自己做的道具了。"

第三组：让积木变漂亮。

教师："这些积木旧了，你们数一数它们有几个什么形状的、大小是怎样的面，请你们选用大小、形状一样的彩色纸，将它们贴在积木上。"

第四组：插积木。用插片插出一个正方体。

2. 教师引导幼儿介绍自己的小制作

（1）礼品盒是什么形状的？数数看，它有几个面，大小是怎么样的？是什么形状的面？

（2）你们给数学角做的道具是什么形状的？它有几个什么形状的、大小是怎样的面？每个面有什么数字或符号？把你们做的道具合在一起给小朋友们出一道算术题好吗？

（3）这些五颜六色的积木真漂亮，快数数看，一块积木是用了几张什么形状的、大小是怎样的纸贴好的。

（4）插了这么多积木，它们是什么形状的？插好一块积木需要用几块插片？插片的大小一样吗？一共有多少块积木？能用这些积木搭成一个大正方体吗？请小朋友们试试看！

四、幼儿几何图形拼合活动设计与指导

活动名称

彩色的路（大班）

活动目标

1. 对几何图形的组合感兴趣，体验成功的快乐。

2. 探索把两个以上的图形组合成一个新的图形，发展空间知觉、观察、分析和判断能力。

3. 有良好的操作习惯，能有目的地操作。

活动准备

1. 经验准备：知道三角形、正方形、长方形、梯形等各种几何图形的基本特征。

2. 材料准备：

（1）图形娃娃头饰、各种图形框架。

（2）水彩笔、各种图形的局部线条。

（3）大小不一、颜色不同的图形（三角形、正方形、长方形、梯形），记录卡。

活动过程

1. 图形娃娃动起来

教师："图形娃娃们，我们来玩图形娃娃动起来的游戏!"

附：玩法

当教师说出某种图形娃娃做一种动作，戴这种图形娃娃头饰的幼儿立刻做相应的动作。

2. 图形猜想及添画

教师："图形王国的小朋友们想要画出各种图形，可是他们只画了图形的一部分线条，请图形娃娃仔细观察画好的线条，猜一猜他们想画什么图形，想好了就帮他们添画出来。"

3. 铺路

请幼儿自由组合，分成四组进行比赛，用各种图形组合成大小一样的正方形作为"铺路石"，一种方法只能算一块"铺路石"，比一比哪组幼儿拼出正方形的方法最多，让幼儿将每一组拼图形的方法记录在记录卡上。比赛结束后，教师和幼儿对各组的成果逐一评价，按规则拼得最长的小组为赢家。

活动延伸

1. 图形王国真好玩（教师为幼儿准备多种游戏材料）。

2. 进入图形王国的小朋友自由选择游戏内容：填土坑、给小河搭跳石、智力拼图、有趣的七巧板等。

思考 · 练习

1. 简述幼儿几何形体概念的发展特点。
2. 分析小、中、大班幼儿认识几何形体的教育要求和内容有什么异同。
3. 请举例说明如何引导幼儿学习二等分。
4. 设计一个幼儿感知几何形体教育活动的参考案例。

第六章 幼儿量概念的发展和教育

学习目标

◆ 掌握幼儿量概念的发展阶段
◆ 明确幼儿量概念的教育目标，掌握幼儿量概念教育的指导要点
◆ 能够设计与指导幼儿量概念教育活动

第一节　幼儿量概念的发展

对物体量的认识，是人们对客观世界的认识的重要组成部分，认识常见的量是幼儿数学教育的内容之一。

一、量的相关基础知识

1. 量

量是指客观世界中物体或现象所具有的可以定性区别或测量的属性。它可以分为不连续量和连续量。不连续量也叫分离量，它是表示物体集合元素多少的量；连续量也叫相关量，是表示物体属性的量，如长度、面积、体积等。幼儿初步认识的是生活中的一

些连续量，如多少、大小、长短、粗细、高矮、厚薄、宽窄、轻重、远近等。

2. 测量

测量是指把待测定的量同一个作为标准的同类量进行比较的过程。用来作为计量标准的量，叫作计量单位。例如，米是一种长度计量单位，克是一种质量计量单位等。用一个计量单位来计量某一个量，结果得到这个量含有计量单位的若干倍，这个数值就叫作这个量的量数。同一个量，用不同的计量单位来计量，所得的量数不同。一般常用的计量方法有直接计量法和间接计量法。

3. 自然测量

自然测量是指利用自然物（如脚步、臂长、小棒、绳子、瓶子等）作为量具来测量物体的长短、高矮、粗细等。学前幼儿只初步学习直接测量，而不使用标准的计量单位。幼儿在自然测量中进行两种逻辑活动：首先，幼儿要把量的整体划分为若干个小单元，知道整体是由若干个部分组成；其次，是一个逻辑相加、进行易位和替换的过程，即把每次测量的一部分和另一部分联结起来，从而建立测量单位体系。例如，测量绳子的长度，是通过移动小棒来进行的，测量的结果是一个表示被测量的量与作为测量单位的量之比的抽象的数。

4. 排序

排序是指将两个以上的物体按照某种特征上的差异或一定的规则排列成序。排序是建立在比较基础上的思维活动，是反映幼儿思维判断和推理能力发展的一项重要活动。

排序的形式一般可以分成两种，按次序排序和按特定规律排序。按次序排序主要包括按物体量的差异的次序排序、按物体数量多少的次序排序。按特定规律排序主要包括按物体外部特征的特定规律排序、按物体量的差异的特定规律排序、按物体数量多少的特定规律排序、按物体摆放位置的特定规律排序。

二、幼儿对量的感知特点

认识常见量是幼儿数学教育的内容之一，也是幼儿日常生活中经常接触到的数学内容。对量的认识可以帮助幼儿认识和区分周围的物体，并促进幼儿感知觉和智力的发展。对量的感知是幼儿数学经验准备的重要内容。

1. 2～3岁的幼儿对量的感知特点

2～3岁的幼儿已对生活中许多物体的量的特征有所体验和感知，这时幼儿正处于思维前运算阶段的初期。他们对事物量的特征的认识更多是凭借着自己的感觉，以此辨别出哪些物体大，哪些物体小；哪支蜡笔长，哪支蜡笔短。虽然幼儿还不能准确地用语言表达出物体的大小、长短，但在日常生活中却能准确地感知物体特征的不同。

幼儿感知大小的能力发展得很早，从乳儿期就孕育着对物体大小特征的辨别能力。2 ~ 3 岁的幼儿大部分能对大小不同的物体作出正确的反应，能按成人的语言指示选择大的或小的物体、长的或短的物体，并对高矮也有了初步的感知。但他们对这些量的认识有一个非常明显的特征，那就是把所有的量统统称为是大的或小的。

2. 3 ~ 4 岁的幼儿对量的感知特点

3 ~ 4 岁的幼儿已经能较为正确地区分物体的大小和长短，在一组大小差异不太明显的物体中，他们能找出最大的或最小的物体，能正确辨别远处物体的大小和不同位置物体的大小。但他们往往把物体的大小、长短等特征看成是绝对的，理解物体量的相对性有一定的困难，如幼儿会说："我的皮球最大"。

这一时期的幼儿对物体的大小、长短、粗细、厚薄、宽窄等属性的感知是比较笼统的，表现在不能严格区分物体的大小、长短、粗细、厚薄、宽窄等。他们往往不加区别地把大的、长的、厚的、粗的、宽的物体说成是大的，把小的、短的、细的、薄的、窄的物体说成是小的；能按词义正确取出厚的、粗的、宽的物体，但用相应的词来表达还有一定的困难。

这一时期的幼儿在感知和判别两个有明显质量差异的物体方面有了很大的发展。

（1）3 岁的幼儿已经能感知和判别有明显差异的两个物体的质量的不同

幼儿用手掂量两个质量分别为 140 克和 15 克的瓶子时，能正确回答"它们是一样重还是不一样重"问题的人数比例达 80%，而当瓶子质量为 140 克和 70 克时，能正确回答的人数比例只有 37%。

（2）4 岁的幼儿基本上能用正确的词汇表达对物体轻重的感知

4 岁的幼儿能用"轻""重"词汇表示不同瓶子质量的人数比例可达 53%，而且这一时期的幼儿对轻重的感觉也有了明显的提高，能从若干对象中找出同样质量的物体。例如，在桌上任意放置六个形状、颜色、体积相同而轻重不同的瓶子。其中两个为 140 克，两个为 70 克，两个为 15 克，教师从中拿出一个质量为 70 克的瓶子，要求幼儿从其余的瓶子里找出与范例一样重的瓶子，3 岁的幼儿能完成的人数比例只有 13%，而 4 岁的幼儿能完成的人数比例可达 43%。

3. 4～5岁的幼儿对量的感知特点

4～5岁的幼儿对物体量的特征有了一定的感知经验，他们这时已能较熟练地区分大小、长短。在此基础上，幼儿能区分物体的粗细、厚薄、高矮、宽窄、轻重等，并能用相应的词汇表示。

5岁的幼儿判别轻重差异的精确性有了较大提高，能理解和运用“轻”“重”词汇。5岁的幼儿能正确完成各项任务的人数比例已达73%～100%。同时，5岁的幼儿感知轻重相对性能力发展显著。例如，对任意放置的质量为140克、70克、15克的瓶子（形状、颜色、体积均相同），判别和说出其中哪个最重，哪个比较重，哪个最轻，回答正确的人数比例达67%。因此，可以认为5岁的幼儿已经具备了感知轻重相对性的能力。

此时，幼儿对量的感知能力虽然有了提高，但他们还缺乏对物体守恒的认识。例如，他们很难判断出改变了放置形式的等长的两个物体的长度，对错开放置的两根等长小棍（见图6-1），往往判断下面一根长。他们会说，“你看这根都到这了”（用手指下面一根的终端），却没注意到小棍的起始点。同样，他们也难以判断等量的水倒入又高又细和又矮又粗的瓶子里还是一样多的这类容量守恒现象。

图6-1　错开放置的等长小棍

4. 5～6岁的幼儿对量的感知特点

5～6岁的幼儿在正确认识物体大小、长短的基础上，能做到理解大小和长短的相对性质。物体的大小、长短、宽窄、粗细、高矮等都是相对的、有条件的。一根小棍和比它短的比，它是长的；如果和另一根比它长的小棍比，那么它是短的，这就是长短的相对性。例如，对绿（最短）、红（较长）、黄（最长）三支不同的铅笔进行比较。在幼儿对绿与红、红与黄依次作出比较的基础上，教师提问：“请小朋友们想一想，到底这支红铅笔是长还是短呢？”有的幼儿说，“它又是长的，又是短的”。还有的说，“红铅笔和黄铅笔比，红铅笔是短的；要是和绿铅笔比，它就是长的了。所以，这要看它和谁比了”。这些回答反映了幼儿对红铅笔长度相对性的理解，知道不能绝对地说红铅笔是长的还是短的，有时可以是长的，有时也可以是短的，问题在于和谁比。

这一年龄阶段的幼儿能理解物体在长度、面积、容积（体积）等方面的守恒现象，教师可以指导他们做一些有关这方面的练习（见图6-2）。当物体的外形、位置等发生变化时，幼儿仍然可以正确判断量的不变性。这说明5岁多的幼儿已具备初步的推理能力，能理解一些量的守恒。

把同样长的 10 根火柴连成三条路，这三条路一样长吗？

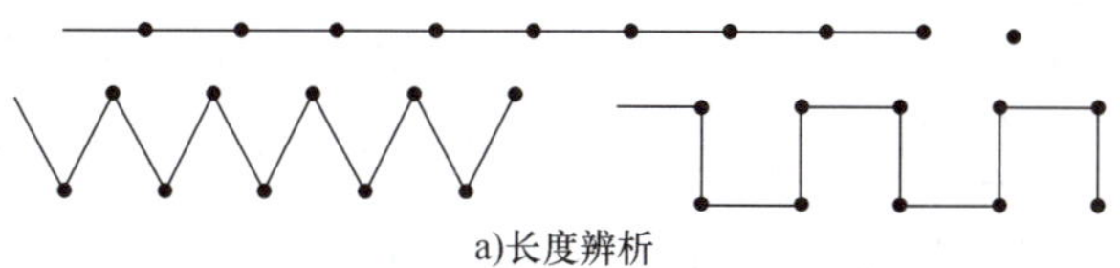

a)长度辨析

把长方形变成两个三角形，两个三角形合起来与原来的长方形一样大吗？

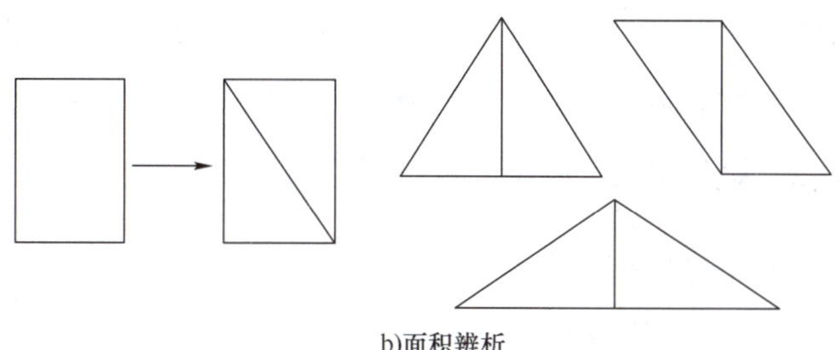

b)面积辨析

仔细看一看杯子里的水是怎么变的，想一想水的多少有无变化。

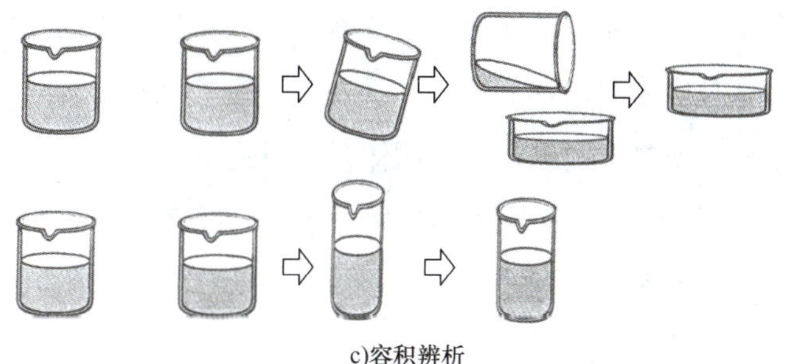

c)容积辨析

一块橡皮泥可以搓成球，还可以搓成黄瓜、梨、圆环等形状，说一说橡皮泥的大小变了吗。

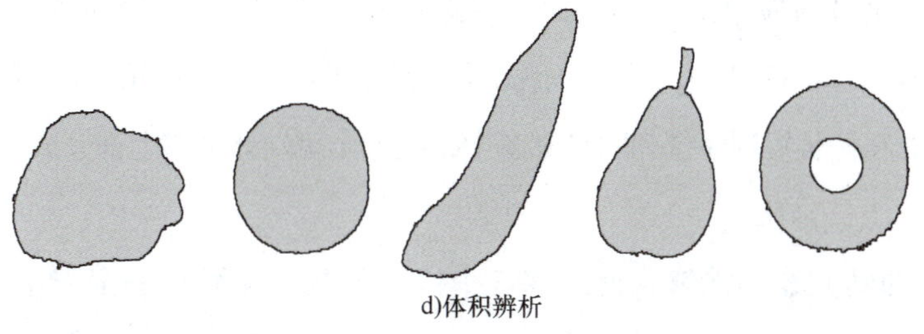

d)体积辨析

图 6-2　物体量的守恒

6 岁的幼儿已经具备了认识物体质量和体积之间关系的能力。随着质量感觉的发展，5 ~ 6 岁的幼儿能够认识到小的物体可以比大的物体重，如大气球比小玻璃球轻；而大小一样的物体，由于制作材料的不同，质量也可以不同，如乒乓球、皮球都能浮在水面上，而玻璃球和铁球却都沉到了水底。

三、幼儿测量技能的发展

量的一个本质特征就在于它是可测量的，即可以把一个量同一个作为标准的同类量进行比较，这个比较的过程就是测量。测量可以扩大人们对周围事物的认识。对时间、长度等的实际测量可以加深人们的时间概念和空间概念。一般来说，幼儿测量技能的发展比数概念要晚一些，因为把连续的整体（如被测物体）分解成可以置换的小单位比数一组彼此离散的物体（如积木、铅笔）要困难得多。那么幼儿的测量能力是如何发展的呢？皮亚杰认为，幼儿测量能力的发展可以分为三个阶段：阶段一，幼儿测量的方法只是视觉比较；阶段二，幼儿使用了测量工具，但用得不正确；阶段三，测量是一种智慧或运算的测量。

四、幼儿排序能力的发展

1. 幼儿排序能力的发展规律

排序是将两个以上的物体按某种特征上的差异或规律进行排列。排序是一种相对复杂的比较，是建立在对物体的比较上的，它需要有一定的判断推理能力，因此，排序要比分类难（因为分类只需要辨别确定一个物体是否具有某一属性，以便将其划入某一类别中）。幼儿排序能力的发展，主要表现在对物体量的排序方面，它是幼儿对量的比较能力的一种表现。幼儿的排序能力有明显的年龄差异。

（1）3 ~ 4 岁的幼儿通过尝试错误完成排序对应活动

3 岁左右的幼儿大都不会排序，他们喜欢选他们所喜爱的同类事物摆弄来摆弄去，把排列事物顺序的任务很快就忘掉了。但如果把 4 个大小不同的插片的轮廓描画下来并按顺序排列，请幼儿把插片对应地摆在按大小顺序排列的轮廓图中，一般幼儿都能完成。在小班进行“给铅笔找家”的活动中，教师分给幼儿粗细相同、长短不同的四支铅笔，请幼儿把铅笔对应地摆放在按长短顺序排列的轮廓图中，结果小班幼儿基本上都完成了这个活动。

（2）4 ~ 5 岁的幼儿开始尝试真正的排序活动

这一阶段的幼儿还不能够很好地将 5 个以上的物体排列成一个完整的序列，但随着教育及幼儿年龄的增长，他们的这种排序能力有了非常明显的提高。实验证明，4 岁的幼儿已有 80% 能完成 3 根小棍的排序，有 35% 的幼儿能完成 5 根小棍的排序，但对 10 根小棍的排序还有较大的困难；对于 5 岁的幼儿来说，能完成 3 根小棍排序的已达 100%，完成 5 根小棍排序的已达 80%，完成 10 根小棍排序的也有 55%。

（3）5 ~ 6 岁的幼儿目测能力显著提高，有的幼儿能自觉运用简便的排序方法

对于 6 岁的幼儿，能完成 5 个物体排序的已达 100%，而且 90% 的幼儿能完成 10 个物体的排序。

大多数 6 岁的幼儿在进行 10 以内数的排序时，目测能力显著提高，失误次数显著减少，有些幼儿还能自觉运用简便的排序方法。例如，幼儿在给小棍排序时，先将 10 根小棍拿在手中将一端对齐，再每次拿取一根最短的，依次排列成一个序列。幼儿能够按序排列物体，关键在于理解传递性、双重性这两种关系。实验表明，5 ~ 6 岁是幼儿认识传递性的较好时期。

知识卡

排序中的传递性、双重性、可逆性

1. 排序中的传递性

排序中的传递性可以理解为：如果 B 比 A 长，C 比 B 长，那么 C 就比 A 长（即 $B > A$，$C > B$，那么 $C > A$）。在比较过程中，C 没有与 A 直接比较，而是通过 B 这个中介（媒介）将关系传递（推理）过去。所以，序列中各对象之间均可用传递的方法判断其量的关系。

2. 排序中的双重性

排序中的双重性是指在按等差关系排列的物体序列中，任何一个元素的量都比前面一个元素大，比后面一个元素小。如 3 根等差为 1 cm 的小棍序列，中间的一根要比前面一根长，比后面一根短；以数为例，就是自然数列中各相邻数之间的 $n \pm 1$ 的关系（自然数列中任意一个自然数都比前面一个数多 1，比后面一个数少 1）。

3. 排序中的可逆性

排序中的可逆性是指从两个方向的排序能力，也就是将物体按一定量的差异排列成递减或递增的顺序。例如，从小到大，反之从大到小；从短到长，反之从长到短。

物体序列中的这三种关系也存在于数的关系之中，理解物体序列中的这三种关系也就能理解数与数之间的逻辑关系。这些均需要幼儿在思维上具有相应的可逆性、传递性

和双重性的能力。这三种能力实际上就是思维的抽象能力和推理能力。思维上的这三种能力在幼儿晚期才开始发展。但是，如果在不同年龄阶段的排序教育中，注意对幼儿可逆性、传递性和双重性能力的教育，将有力地促进幼儿思维能力的发展，从而真正有益于幼儿抽象数概念的形成。

2. 幼儿排序能力的种类

（1）按规则排序

按规则排序是指按物体的外部特征有规律地交替排序，按形状或颜色排序，如图6–3所示。

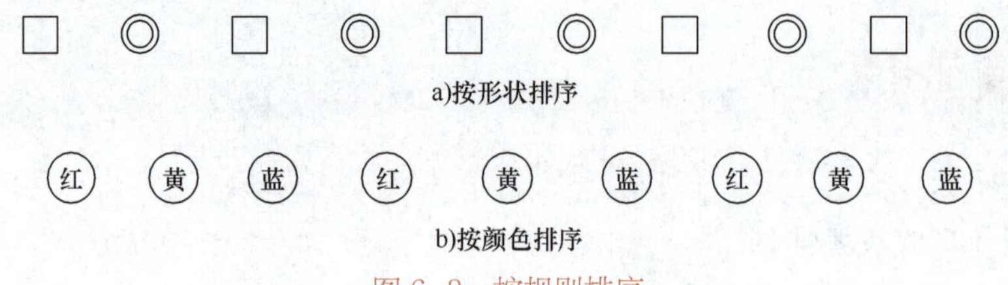

图6–3　按规则排序

（2）按物体量的差异排序

例如，按物体的大小、长短、高矮、粗细、厚薄、宽窄排序，如图6–4所示。

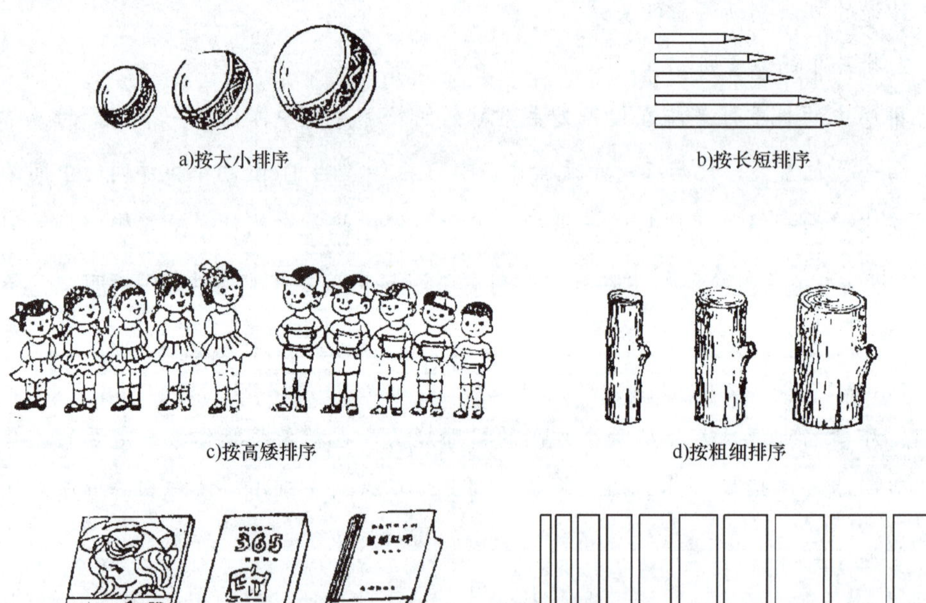

图6–4　按物体量的差异排序

（3）按数排序

例如，圆点卡片排序、数字卡片排序，如图 6-5 所示。

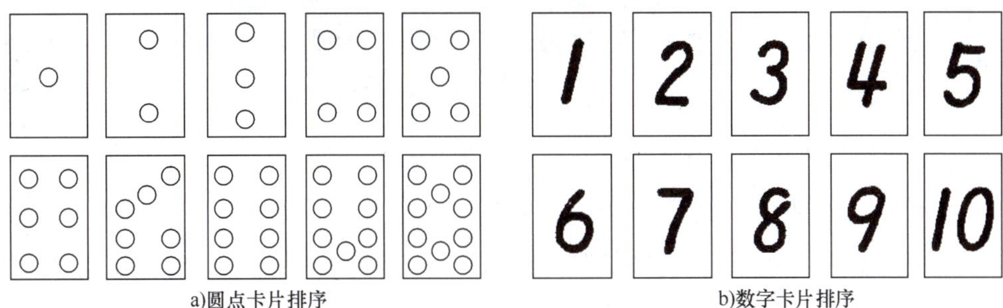

图 6-5　按数排序

第二节　幼儿量概念的教育

一、幼儿量概念教育目标

幼儿量概念教育目标

小　班
1. 会用观察比较的方法，区别大小、长短不同的物体，会正确运用“大小”“长短”等词汇
2. 能从 4 个大小或长短不相等的物体中找出并说出哪个最大（最长），哪个最小（最短）
3. 能按物体的外部特征（形状、颜色）或量（大小、长短）的差异进行 4 以内的物体排序
中　班
1. 能区别并说出物体的粗细、厚薄、高矮等
2. 能从 5 ~ 6 个大小（长短、粗细、厚薄、高矮）不同的物体中找出等量的物体（其中两个是相同量）
3. 能按物体量的差异进行 7 以内的正逆排序，会按一定的规律排序物体
大　班
1. 会用目测和自然测量的方法，比较物体的长短、高矮、宽窄、厚薄和轻重；能正确表达测量的结果
2. 能按物体量的差异进行 10 以内的正逆排序，能按一定的规律排列物体，初步感知序列之间的传递性、双重性和可逆性关系
3. 学习量的守恒，知道物体的外形、摆放位置等发生变化，它的量不变

二、幼儿量概念教育活动设计与指导

1. 为幼儿提供学习材料，让幼儿在操作中感知和比较物体的特征

幼儿对物体量的认识，最初不是通过测量的方法，而是通过各种感官感知物体量的特征。幼儿在视觉、触觉、运动觉等的作用下，感知到物体在长度、大小、质量等方面的特征，比较出物体量的差异。因此，教师应提供各种材料，让幼儿充分地看、触摸和摆弄，感知和比较物体量的特征。例如，让幼儿掂一掂球的轻重；将绳子的一端对齐，比较它们的长短；目测其他幼儿身高的高矮等。总之，幼儿感知、体验物体差异的机会越多，进行比较的机会也就越多，就越有助于幼儿排序能力的发展。

并置和重叠的方法都是比较物体量的常用方法。例如，比较两本书的厚薄，就可以采用并置的方法（这里应注意：比较物体厚薄时，应该选择长和宽一样、厚薄差异明显的物体；比较物体粗细时，应该选择长短一样、粗细差异明显的物体；比较物体高矮时，被比较的物体应该垂直于同一水平面）。又如，比较两块积木的长短时，就可以采用重叠的方法。再如，请幼儿将“□”“○”逐个对应地重叠镶嵌到范例板的图形轮廓上，可比较教师提供的图形与镶嵌板上的图形哪个大，哪个小，还是一样大，这也是一种比较典型的重叠方法。

教师提问或引导幼儿互相交流，也是帮助幼儿学会比较的重要方法。例如，让幼儿对绿（最短）、红（较长）、黄（最长）三支铅笔进行比较。在将绿与红、红与黄依次进行比较的基础上，教师提问：“红铅笔到底是长还是短呢？”引起幼儿思维上的冲突，让幼儿进行讨论、思考，最后得出“要看红铅笔和谁比较了”的结论。这实际上也反映出思维发展处于半逻辑状态的幼儿对长度相对性的理解，知道不能绝对地说红铅笔是长还是短，关键要看它和谁比较。这里也可以看出，教师恰到好处的提问是很重要的。

2. 引导幼儿学习排序

（1）按规则排序

开始按规则排序时，可以让幼儿按颜色、数目等排序（见图 6–6），并让幼儿说出它们是按什么顺序排列的，找出排列的规律后，可以接着往下排。

红	黄	蓝	红	黄	蓝	红	黄	蓝	红	黄	蓝

○○ ○	○○	○	○ ○○	○○	○	○○ ○	○○	○

图 6–6　按规则排序

（2）按物体量的差异排序

幼儿在学习按照物体量的差异排列物体顺序时，首先要比较物体之间量的差异，在此基础上，才能按物体量的差异排序。开始排序时，可以给幼儿提供 3 ~ 5 个物体，物体之间的差异要大一些，并给幼儿提供排序的范例图或范例板，让幼儿在 3 ~ 5 个物体中首先找出最大的（最长的）或最小的（最短的），在范例图或范例板中找到相应的位置，然后再从剩下的物体中找出最大的（最长的）或最小的（最短的），依次摆放到相应的位置上，直至摆放完毕。对于年龄较大的幼儿，教师应引导幼儿观察物体摆放的规律（如一个比一个大，越来越大；或一个比一个短，越来越短等），并鼓励幼儿用语言描述出物体排列的规律。

在幼儿按物体量的差异进行排序时，教师应引导幼儿了解以下规律。

1）要确定排列方向是横排还是竖排。有的量可以横排，也可以竖排，如大小、粗细、宽窄；有的量只能竖排，如高矮；有的量只能横排，如长短。

2）要确立排序规则是按量的逐一递增来排列，还是按量的逐一递减来排列。

3）注意排序高矮时要在同一起始线上，排序长短时要将一端对齐。

活动名称

接着排（大班）

活动目标

1. 学习根据一组图形的变化判断图形的变化规律，确定某一位置上的图形。

2. 培养幼儿的观察力和初步的推理能力。

活动准备

1. 正方形、圆形、三角形图片若干。

2. 幼儿作业纸三张。

活动过程

1. 出示一组图形（见图 6–7），引导幼儿观察。

参考提问：

（1）图形是按什么顺序排列的？

（2）如果继续排，应该再放一个什么图形？

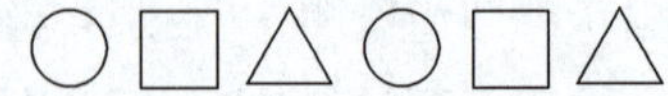

图 6–7　图形示例

2. 依据图形的排列规律确定图形，然后从准备好的图形中找出并粘贴上，因该图形是按○□△……的顺序排列的，所以应该选择一个圆形粘贴在上面。粘贴完后，引导幼儿阐述理由。

3. 指导幼儿看第一张作业纸（见图 6–8）。

参考提问：

（1）下列圆形是按什么顺序排列的？

（2）请小朋友按圆形变化规律给空白圆形画圆点。

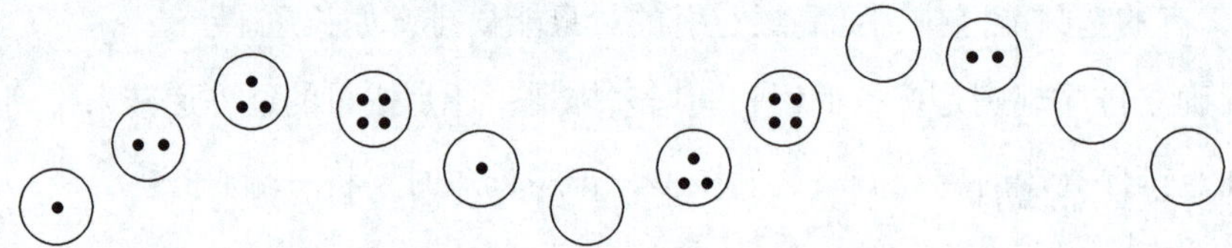

图 6–8　按图形变化规律画圆点

4. 指导幼儿看第二张作业纸（见图 6–9）。

参考提问：向日葵一天天长大了！请你按向日葵的生长顺序在方框内标出 1，2，3，4。

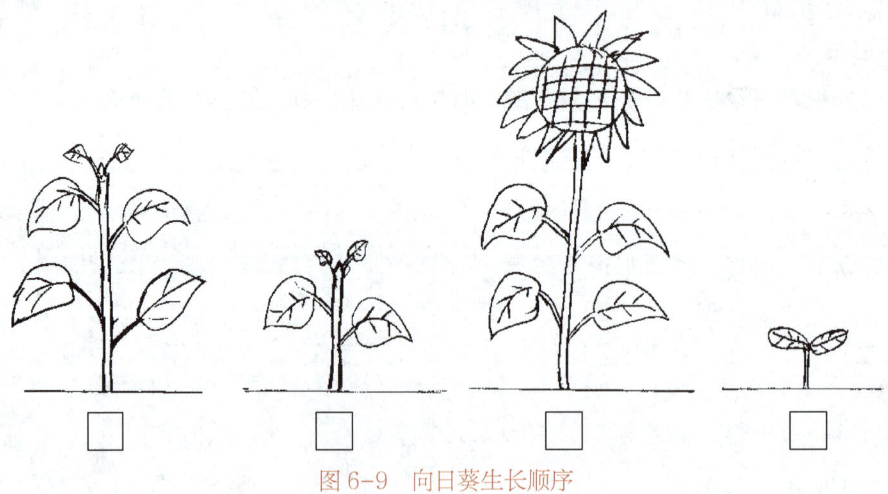

图 6–9　向日葵生长顺序

5. 指导幼儿看第三张作业纸（见图 6–10）。

参考提问：亮亮往小桶里装沙子，请你按装沙子的先后顺序在方框内标出 1，2，3，4。

图 6-10　亮亮装沙子

活动延伸

在活动区中，可利用串珠和几何图形卡片等材料，指导幼儿按规律进行排序活动。注意引导幼儿进行简单的语言推理描述，发展幼儿数学语言表达能力。

活动建议

在简单的推理训练活动中，为幼儿提供的操作材料的特征差异要明显，材料要丰富，可操作性要强，而且要由易到难、循序渐进，特别要注意幼儿数学语言的培养，要求准确到位且简练。

在日常生活中，序列问题的内容是非常丰富的，教师要有意识地利用这些素材对幼儿进行排序练习。

（3）按数排序

幼儿期的按数排序活动，有助于幼儿抽象数概念的形成。因为按物体数量的多少进行排序时，首先要对物体有次序地逐一点数，并在排序过程中获得按“差 1”排序的经验。这类活动可以帮助幼儿进一步理解数的实际意义、数的顺序，懂得在自然数列中，每一个数目都有一定的位置，它们是按一定的关系排列起来的，形成一个数的序列；同时，物体排序中可逆性、传递性和双重性的教育有助于促进幼儿思维能力的发展。按数排序可以是圆点卡片排序、数字卡片排序、实物卡片排序等。

3. 引导幼儿感知和体验量的守恒

幼儿对量的认识和理解，是在充分感知量的特征的基础上实现的，同时它与幼儿的心理发展水平也有密切联系。所以，引导幼儿感知和体验量的守恒，有助于促进幼儿思维能力的发展。

（1）运用量的变式感知、体验量的守恒

通过量的变式让幼儿理解量的守恒，是幼儿学习量的守恒的主要方法。变式就是指利用量的多变化形式，使幼儿逐步做到不受物体外部因素变化的影响，感受到量的不变性，即量的守恒性，如图6-11所示。

把一个大正方形变成四个小正方形，四个小正方形合起来与原来的大正方形一样大吗？

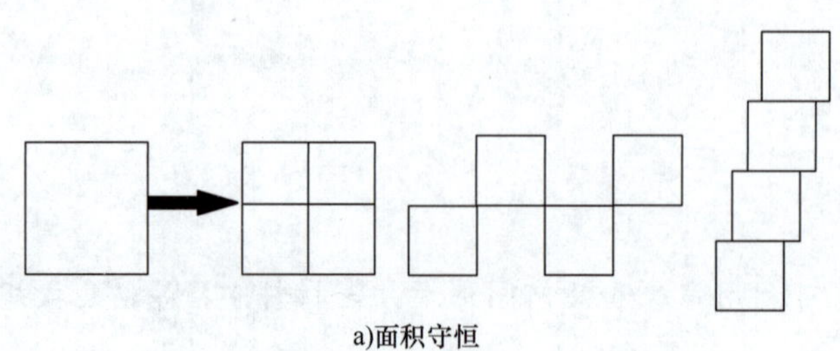

a)面积守恒

小正方体的大小是一样的。当摆放的形式发生变化后，正方体所占的空间变化了吗？

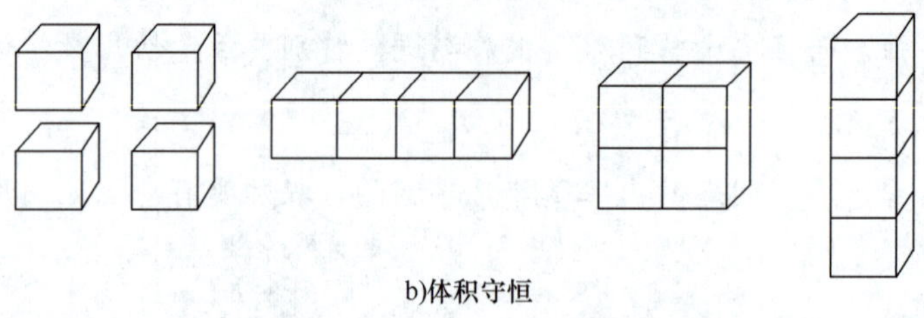

b)体积守恒

图6-11　量的守恒性

（2）为幼儿提供两份同等量的物体，引导他们进行守恒判断

提供两份同等量的物体让幼儿进行守恒判断，这样做可以让幼儿观察到，当一份物体的量的外部形式发生变化后，其原来的表现形式仍存在于另一份物体中。因此，幼儿可以直观地感知和比较物体的量只是外部形式有了改变，而其量与原来是一样的，并未改变。这样做有利于幼儿对量的守恒作出判断，使幼儿能逐步获得量的守恒观念。

在幼儿观察、比较两份同等量的物体时，应注意以下三个问题。

1）首先引导幼儿确认这两份物体的量（长度、大小、面积等）是相等的。

2）然后将其中一份物体改变形式，并向幼儿提出问题。例如，它们现在还一样长、一样大、一样多吗？

3）在幼儿确认它们的量是相等的以后，教师再将其中的一个量变形，并向幼儿提问。如果幼儿有不同的反应，教师可以启发幼儿说出理由，并引导幼儿将物体变回原来的状态，以证实它们的量是相等的。

在量的守恒的教育中，许多量的变式都涉及整体量和部分量的问题，这实际上是反映了整体与部分之间的关系。因此，在量的守恒的教育中，教师应有意识地渗透这一思想，让幼儿体验整体与部分之间的关系。例如，一个大正方形可以分成四个小正方形，而四个小正方形合并在一起又和大正方形的大小是一样的。

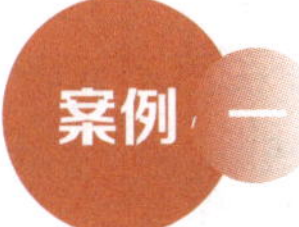

案例一

活动名称

两瓶沙子是否一样多（大班）

活动目标

1. 让幼儿通过向大小不同的两个玻璃瓶里装等量的沙子进行比较，体验量的守恒。

2. 提高幼儿判断、推理的能力。

活动准备

1. 每个幼儿一套装沙工具。

2. 两个大小不同的玻璃瓶（内装等量的沙子）、两个大小相同的玻璃杯。

活动过程及建议

1. 比较两瓶沙子的多少

请幼儿观察大小不同的两个玻璃瓶里的沙子，说一说哪瓶沙子多、哪瓶沙子少，为什么。

2. 操作并讨论

（1）请幼儿将两瓶沙子分别倒入大小一样的两个玻璃杯里，引导幼儿观察、比较并讨论：两杯沙子是不是一样多，为什么。

（2）请幼儿将两杯沙子倒回原来的两个玻璃瓶里，再次组织幼儿观察、比较并讨论：两瓶沙子是不是一样多，为什么。

（3）通过反复操作，使幼儿排除玻璃瓶大小的干扰，逐步理解量的守恒概念。

案例二

活动名称

学习量的守恒（大班）

活动目标

1. 引导幼儿在学习比较物体时不受位置、形状等条件的影响，正确判断物体面积的大小，感知量的不变性。

2. 引导幼儿学习将图形纸二等分，在图形还原中领会图形之间的关系。

活动准备

等大、同形状的图形纸两张，剪刀一把，胶水少许。

活动过程

1. 教师出示两张等大、同形状的图形纸，并提问："这两张纸一样大吗？用什么方法可以证明它们是一样大的呢？"（用幼儿说的方法验证）

2. 教师将一张纸贴在黑板上，另一张纸二等分，贴成另一个图形，并提问："现在这个图形和黑板上的图形还一样大吗？"

（1）教师将二等分的图形纸与黑板上的图形并列在一起，让幼儿比较。（两个图形一样大）

教师："为什么还是一样大呢？"（因为纸没有再扩大或缩小，只是剪开了，拼起来还是和原来的纸一样大）

（2）用重叠的方法验证结论。

3. 教师将二等分后的两张小图形纸继续二等分，共分成四张，再拼成一个图形，并提问："用这四张图形纸拼成的图形和黑板上的图形还一样大吗？为什么？"

教师将四张图形纸重叠贴在黑板上的图形纸上，验证再一次等分后的图形纸与原来黑板上的纸一样大。

活动名称

学习液体守恒（大班）

活动目标

引导幼儿在学习比较物体时，不受外部影响，正确判断物体体积的多少，感知量的不变性。

活动准备

相同容积的小杯子两个，大杯子一个。

活动过程

1. 教师出示两个容积相同的小杯子，并提问："如果用这两个杯子装满水，两杯水一样多吗？怎样证明？"（用幼儿说的方法验证两杯水一样多）

2. 教师将相同容积的两个小杯子装满水，并提问："现在两个杯子的水一样多吗？"

教师将其中一个小杯子里的水倒入大杯子里，并提问："倒入大杯子里的水和没倒入大杯子的这杯水哪个多，哪个少？为什么？有什么方法可以证明？"（用幼儿说的方法验证）

3. 幼儿操作练习。

4. 引导幼儿学习自然测量

幼儿学习测量采用的是自然测量的方法。测量工具常采用筷子、瓶子、绳子、小棍、纸条等常见物品或脚步。

（1）幼儿学习自然测量的意义

1）加深幼儿对各种物体量的认识。当幼儿用同一根小棍测量他们的桌子和床的长度后，可以知道桌子和床哪个长，哪个短；他们用小碗往两个不同的小桶里装沙子，一个桶装了3碗就装满了，另一个桶装了4碗还没有装满，由此幼儿可以判断出哪个桶大，哪个桶小。

2）有助于幼儿对测量工具的认识。当幼儿用小棍测量长度、用小碗测量容积时，他们初步认识到对不同的量要用不同的东西或方法测量，才能知道被测物的量到底是多少。

3）加深幼儿对10以内数的实际意义的理解。测量的结果要用数来表示，从而使幼儿进一步理解10以内数的实际含义以及数和量的关系。

4）培养幼儿动手操作能力以及对测量活动的兴趣。

（2）引导幼儿掌握测量的方法

测量是一种运算，是一种智慧。处于这一阶段的幼儿，他们要掌握这种运算需要一个发展的过程。所以，在幼儿学习自然测量时，教师要有意识地引导幼儿掌握测量的方法，而在这个过程中还应注意以下几个问题。

1）为帮助幼儿学习测量，教师可以通过一些不同层次的活动引导幼儿主动学习，促进幼儿发展。例如，测量物体的长度，开始时可以让幼儿在被测量的物体上摆放量具，即将量具一个接一个地摆放在被测的物体上。摆好后，将所有的量具数一数，数出的量具总数就是被测物体的长度。以后，可以让幼儿学习在每一次测量的终点做一个记号（如用笔画一条线），并让幼儿了解，第一次测量的终点是第二次测量的起点。量完后，数一数一共有几个记号，这个数量也就是被测物体的长度。在引导中，教师必须强调，第一次测量的终点是第二次测量的起点，并注意中间不能留有空隙。教师还应引导幼儿讨论怎样做记号，以及怎样从记号处开始量第二次、第三次……测量是要从一端开始，并应按直线进行测量等。

2）引导幼儿初步理解测量单位与测量结果之间的关系。在幼儿掌握测量方法后，可以为他们提供不同的工具来测量同一物体。例如，让幼儿用长度不同的小棍和纸条测量同一个桌子的边长。幼儿测量以后，教师可以提问，“你们发现了什么？为什么同一张桌子，用小棍和纸条量出来的结果不一样呢？”经过讨论，幼儿了解到，测量工具越长，量的次数就越少；测量工具越短，量的次数就越多。这一学习经验使幼儿逐步理解了测量单位与测量结果之间的关系，这对幼儿的发展具有重要意义。因为测量单位与结果之间的关系实际上就是数学中的函数关系，虽然学前教育不会教幼儿什么是函数，但通过对这一关系的理解，向幼儿渗透了相对性的思想，有利于幼儿思维灵活性的发展。

活动名称

量一量（大班）

活动目标

1. 学习用目测和自然测量的方法识别物体的长、宽、高。

2. 激发幼儿进行测量活动的兴趣。

活动准备

每个幼儿一只空纸盒、一把自制多用尺（见图6-12）。

红	黄	蓝	绿	橙	红	黄	蓝	绿	橙

图6-12　自制多用尺

活动过程

1. 教师介绍

（1）教师以空纸盒、桌子、教室为直观演示教具，让幼儿分别感知它们的长、宽、高。

（2）用什么方法能知道它们的长、宽、高。

在幼儿议论后。教师归纳提出应使用测量的方法。

教师小结：使用目测法时，是用自己的眼睛看，可以大致比较，但测量结果不精确；使用测量法，是用尺子来量一量。

幼儿人手一把多用尺，教师提醒幼儿数一下，多用尺上有几个小格子，幼儿数后发现多用尺由10个彩色小方格组成：红—黄—蓝—绿—橙五色相间。然后教师再提示幼儿，这把多用尺可以用来量物体的长、宽、高。

2. 演示

（1）教师用卷尺或木尺量桌子的长、宽、高。

（2）个别幼儿用多用尺量空纸盒的长、宽、高，说出长、宽、高分别是几个小方格。

3. 操作

（1）幼儿用各自的多用尺测量空纸盒，分别量出空纸盒的长、宽、高各是几个小方格，并记录在纸上。

（2）幼儿合作用多用尺测量桌子，量桌子的长、宽、高是几尺（10个小方格为一尺）或几尺零几个小方格，并记录在纸上。

（3）幼儿尝试进行自然测量，教师巡回观察指导。

活动建议

1. 启发幼儿在使用多用尺测量时，可以一个小方格作为单位，也可以一尺作为单位。量同样长的物体，单位小，测量的数大；单位大，测量的数小。例如，空纸盒的长可以说是两尺长，也可以说是20个小方格长。

2. 可以再让幼儿想一想，除了用多用尺测量外，还可以用什么作为测量工具。（小棍、绳子、筷子、脚步、手等）

案例二

活动名称

比轻重（大班）

活动目标

1. 会用自然测量的方法比较两个物体的轻重，知道物品具有轻重不同的特征。

2. 能比较出在三个物体中，哪个最轻，哪个最重，并能试着讲出为什么。

活动准备

1. 幼儿每人一个自制玩具小天平；每桌备有可供幼儿称质量的物品，如石头子儿、螺钉、小塑料玩具、核桃等。

2. 用鸡蛋和蛋壳分别制成的玩具猫头鹰等。

3. 大、小塑料桶各一个（大桶内装棉花，小桶内装石头，棉花和石头分别用纸包好）。

4. 判断推理测验图一张。

活动过程

1. 用自然测量的方法比轻重

（1）出示两个外形一样的玩具猫头鹰，说明玩具的构成材料不同。

参考提问：这两个玩具猫头鹰，一个是用鸡蛋做的，一个是用蛋壳做的，请小朋友们想一想，用什么办法能分出哪个是用鸡蛋做的，哪个是用蛋壳做的。[首先启发幼儿运用以往的知识经验（如用鸡蛋做的玩具猫头鹰重，用蛋壳做的玩具猫头鹰轻）进行思考，然后引导幼儿讨论，说出他们想到的办法。例如，把这两个玩具猫头鹰放到水里，浮在水面的是蛋壳做的，沉下去的是用鸡蛋做的；放在天平上称一称；用手掂一掂……]

（2）出示塑料桶，一个装有棉花的大桶，一个装有石头的小桶。

参考提问：大桶和小桶里面都装着东西，一个轻，一个重。你们有什么办法能分出哪个轻，哪个重。

2. 小组活动

（1）称两样物品时怎样知道哪个轻，哪个重。启发幼儿发现，把两样物品分别放在小天平的两端，重的物品一端往下沉，轻的物品一端往上翘。

（2）如果称三件物品（分别设为 A，B，C），怎样知道哪个是最重的，哪个是最轻的？

在试着做一做以后，会得出：A 和 B 比，A 重 B 轻；B 和 C 比，B 重 C 轻。所以，A 是最重的，C 是最轻的。

还有一种情况：A 和 B 比，A 重 B 轻；B 和 C 比，C 重 B 轻。A 和 C 都比 B 重，那么，A 和 C 哪个轻，哪个重？再比一比 A 和 C，重的那个就是最重的，而 B 就是最轻的了。

3. 看图判断推理

教师出示体重比较图（见图 6–13）。图中显示狗比兔重，兔比猫重。

参考提问：狗和猫比，谁轻，谁重？为什么？

图 6–13 体重比较图

5. 在其他各种活动中渗透量概念的教育

在许多幼儿教育活动中，都可以向幼儿渗透量概念的教育。例如，在体育教育活动中，教师在幼儿排队及游戏活动中，可以引导幼儿理解并正确表达、运用“高矮、远近、快慢”等量概念及词汇，如“看哪一队跑得最快”“看谁拿的球滚得最远，谁拿的球滚得最近”等。在语言教育活动中，让幼儿玩语言游戏“说相反的词”“做相反的动作”，如教师说“长”，幼儿说“短”；教师说“高”，幼儿蹲下来，教师说“矮”，幼儿站起来等。在科学小实验中，幼儿会发现铁块重，它沉到水底；木块轻，它浮在水面上。在音乐教育活动中，让幼儿感受、分辨音乐中比较明显的高低、快慢、强弱等音色的变化，用不同的节奏表现不同的心情等。

游戏是幼儿学习行为的一种，开发游戏活动中的量的因素可以促进幼儿主动获得有关的经验。例如，在“超市”这一角色游戏中，要求幼儿像营业员一样有序地摆放物品，实际上就是幼儿练习排序的过程；在收拾、整理物品时，要求幼儿按序摆放物品，把最大的、最重的物品放在柜子的下面，把最小的、最轻的物品放在柜子的上面；将放在一起的两个木球掂一掂，哪个重，哪个轻；用脚步和走路的方法测量教室的长和宽等。总之，生活中充满了数学知识，关键是教师要做有心的引导者。

在活动区中，教师应给幼儿提供合适、丰富的材料和学具等。例如，各种接龙数字卡、接龙图形卡，大量的等差排列的学具等，都是幼儿感知和比较量的很好的学具。在可以自由选择的活动区活动中，幼儿主动地操作，可以获得数学感性经验和初步的逻辑知识，这有助于促进幼儿的积极思维。

有关量的幼儿（大班）教育活动设计与指导

1. 在生活中引导幼儿辨认不同高矮的物品，了解其相对性。

2. 在生活和游戏中鼓励幼儿分辨物品长短，掌握比较物品长短的方法。

3. 在游戏中引导幼儿借助事物分辨物品的粗细、厚薄、轻重及其相对性。

4. 引导幼儿在体验的过程中了解自己身体的各种测量数值，并与别人比较。

5. 生活中借助实物学习正确使用量词。

6. 在区角中给幼儿提供各种可用于测量的实物和工具，如小棒、绳子、尺子、天平等，供幼儿自由摆弄。

7. 在生活和游戏中鼓励幼儿分辨不同的钱币并进行换算，发展幼儿的心算能力。

第三节　幼儿量概念教育活动设计与指导参考案例

一、幼儿排序教育活动设计与指导

活动名称

给数字排队（大班）

活动目标

1. 引导幼儿按物体数量的多少排序。

2. 使幼儿进一步理解自然数的排列顺序。

活动准备

1. 每个幼儿各一套 1 ~ 10 的圆点卡片及 1 ~ 10 的数字卡片。

2. 每个幼儿一副 1 ~ 10 的扑克牌。

3. 幼儿作业纸三张。

活动过程

1. 请幼儿排列圆点卡片

参考提问：请小朋友们数一数每一张卡片上的圆点有几个，看一看可以用数字几来表示。请将相应的数字卡片放在圆点卡片的后面，并按圆点数目由少到多的顺序把圆点卡片排列出来。

2. 指导幼儿看扑克牌

参考提问：请小朋友们将下面的扑克牌按从小到大的顺序排列起来，并将相应的圆点卡片摆在扑克牌下面。

3. 指导幼儿看第一张作业纸（见图 6–14）

参考提问：①号瓶里有几个球？有四个球的是几号瓶？请按球从少到多的顺序将花瓶的序号写在“□”内。

4. 指导幼儿看第二张作业纸（见图 6–15）

参考提问：一共有几个鱼缸？每个鱼缸里有几条鱼？请按鱼从少到多的顺序将鱼缸的序号写在“□”内。

5. 指导幼儿看第三张作业纸（见图 6–16）

请幼儿按数的顺序走走看，帮助兔宝宝找到兔妈妈。

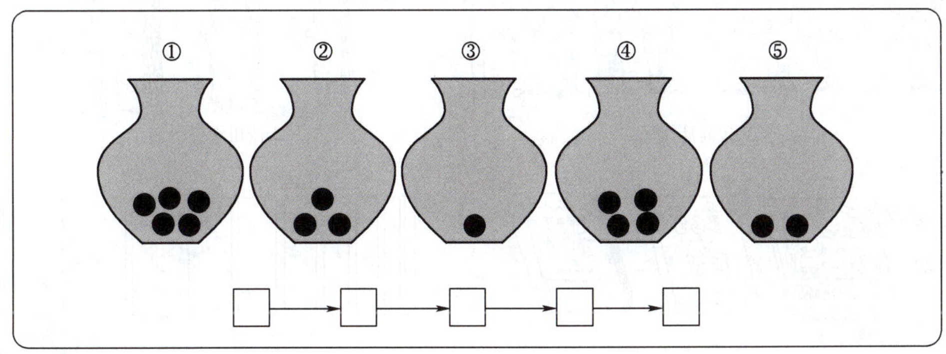

图 6–14　按球的个数排序图

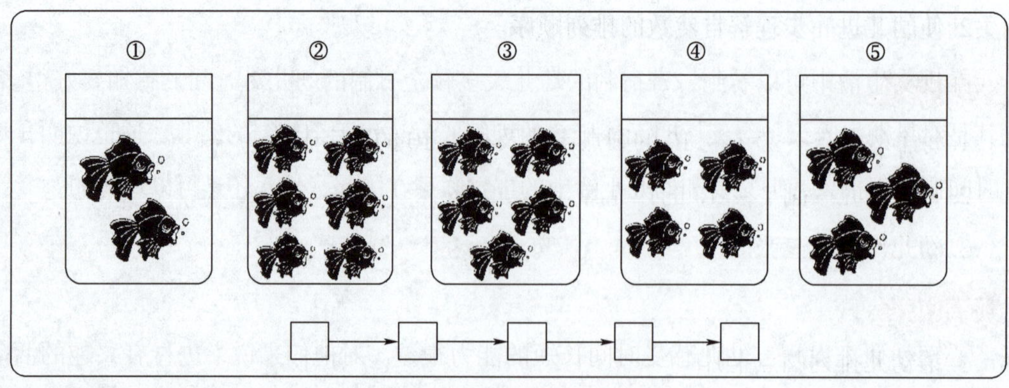

图 6-15　按鱼的数量排序图

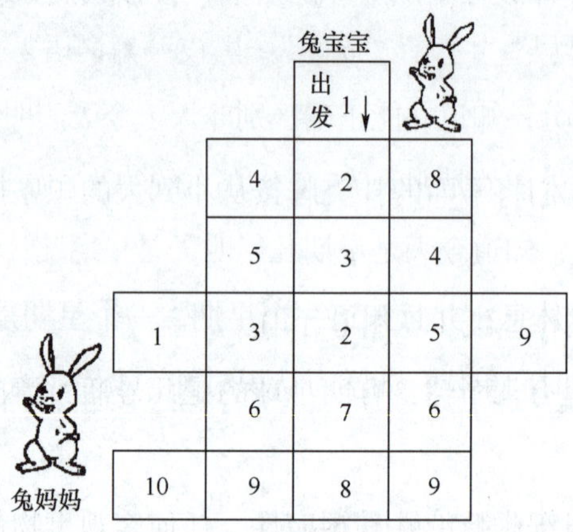

图 6-16　兔宝宝找妈妈

活动延伸

在活动区投放相应的材料，使幼儿进一步理解自然数的排列顺序。

二、幼儿按物体量的差异排序教育活动设计与指导

活动名称

奇奇超市（中班）

活动目标

1. 在对图片的观察与比较中找出物体量的差异，并按排列规律接着往下排。

2. 培养幼儿的推理判断能力和合作交往能力。

活动准备

教具背景图一幅，大小不同的梨、桃子图片若干，红、绿颜色苹果图片若干，高矮不同的玉米图片若干，彩色珠子、拼图、彩色回形针、彩色玻璃纸、皱纸、彩旗等学具若干。

活动过程

1. 谈话导入

教师：“小朋友们有没有去过超市？你们喜欢去超市吗？明天奇奇超市就要开业了，我们一起去看一看奇奇超市里都有哪些好东西。”

2. 排玉米——学习按物体大小不同排序

出示玉米图片，请幼儿找出规律并接着往下排玉米。

教师：“玉米的数量改变了没有？”（既没有增加也没有减少）

3. 挑桃子和梨——学习按物体的数量不同排序

（1）出示桃子图片，请幼儿找出规律并接着往下排。

教师：“桃子的数量改变了没有，是增加了还是减少了？”（大桃子没有改变，小桃子在增加）

（2）出示梨图片，请幼儿接着往下排。

教师：“为什么这样排？”（引导幼儿说出大梨没有改变，小梨在逐渐减少）

4. 摆苹果——学习按物体的颜色不同排序

教师：“请小朋友们看一看，超市里还有什么水果？它们之间有哪些不同？”（请一位幼儿上来根据颜色为苹果图片排序）

5. 小组操作

教师：“明天奇奇超市就要开业了，可他们还有许多事情没有做完，我们一起帮忙吧。”

幼儿分小组自由选择并进行活动。例如，串帘子，按照彩色珠子的色彩进行排序，为超市做漂亮的门帘；做糖果和蝴蝶结，用彩色玻璃纸和皱纸先制作成糖果，然后做蝴蝶结粘贴；拼拼图，按照拼图的某种特征进行排序；挂彩旗，按照各色彩旗的颜色或形状特征排序。

6. 各小组活动作品的展示交流和简单评价。

三、幼儿测量教育活动设计与指导

活动名称

我的尺子（大班）

活动目标

1. 幼儿愿意参与测量活动，体验动手制作尺子的乐趣。

2. 能选用自然物，用首尾相接的方法测量桌子的高度，感知因测量工具的不同所带来的测量结果的差异。会用移动手指做记号的方法制作自己的尺子并进行测量。

3. 知道用数记号的方法说出测量结果。

4. 能认真完成测量工作并做好记录，能清楚地与同伴交流。

活动准备

水彩笔、铅笔、筷子、记录纸、长条形的白色硬纸、每个幼儿一本书。

活动过程

1. 桌子有多高——幼儿选用自然物测量并记录

（1）用自然物测量桌子的高度

教师："上次活动时，我们用测量的方法知道了桌子的长和宽，但我们还不知道桌子有多高。今天，我们再来量一量桌子的高度。小朋友们告诉我，要知道桌子的高度，需要量什么地方，从哪量到哪。在你们的桌子上，老师准备了铅笔、筷子和水彩笔，还有一张记录表，表上也画了这三种工具，你们可以依次选择自己喜欢的工具，按首尾相接的方法测量，量好后记录在表上工具后面的空格里。"

（2）交流分享

教师："你用了哪些工具来量？用水彩笔量，桌子的高度有几支水彩笔长？用铅笔量，桌子的高度有几支铅笔长？用筷子量，桌子的高度又有几根筷子长？为什么桌子的高度没有变化，而测量的结果却不一样呢？"

教师小结：因为我们的测量工具有的长一些，有的短一些，所以量出的结果就不一样。

2. 制作我的尺子

（1）尝试用手指头量纸条的长度

教师："我们今天做一个新的测量游戏。老师准备了一条长纸条，请小朋友们用你们的一根手指头，像老师这样量一量长纸条有多长。试一试用哪个指头最灵活方便。现在，自己边数边量，纸条有几个手指头长。"

（2）对手指头测量的结果进行初步对比

教师："老师刚才说过，测量工具的长短不一样，测量结果不一样，但你们刚才都是用的手指头，大家的手指头长短都差不多，那结果应该也差不多呀。为什么有的是 12 个手指头长，有的是 16 个手指头长，差得太远了。"

（3）示范测量方法

对测量时手指头移动的方法进行示范，同时提出做记号的方法，引导幼儿比较准确地测量纸条的长度。

（4）数记号

让幼儿数自己的纸条上有几个记号并记录在纸上。再次对比结果，让幼儿感知大家的结果比较接近。

3. 对书进行测量，并引入对尺子的介绍

（1）用自制尺子测量书

教师："你们的纸条上有这么多的记号，现在大家拿一本书，把书的长的一边和纸条靠近，看一看、数一数边长在第几个记号那里。能告诉我书的边长有多长吗？书的这条脊背有多长呢？"

（2）介绍尺子

教师："看你们做的记号还可以量书的长度，你们认为它像我们平时用的什么测量工具？"（出示尺子）"看，它们相同的地方在哪？又有什么地方不同呢？"

（3）还见过什么样的尺子

教师："小朋友们平时见到大人们都用什么样的尺子？他们如果用外观不同的尺子测量桌子的长度，结果是一样还是不一样呢？为什么？"

教师小结：因为这些尺子都有记号，大家也把这些记号叫作刻度，这些记号都是以一样长为标准做一个记号的，所以，量的结果是一样的。

活动延伸

让幼儿回家后用自己做的尺子量家里的东西。

四、幼儿量的守恒教育活动设计与指导

活动名称

水、沙、米（大班）

活动目标

1. 通过动手做小实验学习体验量的守恒，获得测容量的方法。

2. 在尝试和比较中鼓励幼儿积极思维。

活动准备

粗细不匀的玻璃杯两个（内放一样多的米）；盆子两个；每个小组一个玻璃缸，内可放水（沙、米）；量杯一个；粗细不等的瓶子六个（其中两个一样粗细）；小果冻杯六个。

活动过程

1. 观察——用数数的方法比多少

（1）桌上有什么？（玻璃缸一个，瓶子六个，小果冻杯六个，盆子两个等）

（2）小果冻杯和瓶子哪个多，哪个少？

（3）数一数他们是一样多吗？

教师小结：我们经常可以用数数的方法来比较多少。

2. 演示——用量的方法比多少

（1）出示两个盛有米的玻璃杯，两个盆子。

（2）教师："玻璃杯里面装的是什么？里面有多少米？怎样才能知道？"（称、量、数……）

教师："刚才大家比较小果冻杯与瓶子的多少时用的是数一数的方法，但如果用数一数的方法数一粒粒的米要花很长时间，而且数不清楚，所以，我们可以用量的方法来比较两个玻璃杯里的米的多少。"

（3）请两位幼儿上来量米

先引导他们比较两个小果冻杯的大小，（一样大）然后用同样大小的果冻杯来量米。

（每次要量满，与杯口平，米高出杯口时，可以用手抹一下）

教师小结：两个玻璃杯里的米看上去有高有低，但实际米是一样多的，都是两小果冻杯米。

3. 实验——学习量的守恒（容积的守恒）

幼儿分组进行，比较水（沙、米）的量。

（1）比较活动

每个幼儿舀两杯满的水倒入自己的空瓶里，然后与旁边幼儿的比较。（教师巡回观察，指导幼儿每一次要舀满且慢慢倒入空瓶内，注意不要洒出来）

请幼儿回答比较的结果，如不一样多，因为有高有低；一样多，因为一样高低；一样多，因为每个瓶子里都舀了两杯水。

教师小结：粗细一样的瓶子内舀入两杯水后，里面的水高低一样，是一样多的；粗细不一样的瓶子内舀入两杯水后，里面的水高低不一样，但也是一样多的，因为都是舀了两杯。

（2）排序活动

1）让幼儿排列桌上的瓶子，并提问："瓶子可以怎么排？"（从高到低或从低到高排列，从粗到细或从细到粗排列）引导幼儿根据粗细不同来排列瓶子。

2）每个幼儿在瓶子里舀入三小果冻杯水，每次都要舀满，然后把瓶子仍然按粗细排好，并提问："看一看，发现了什么？"（瓶里的水有高有低）

3）教师："我们都舀了三杯水，舀了一样多，怎么会有高有低呢？"（因为瓶子有粗有细）"哪个瓶子里的水最高？哪个瓶子里的水最低？"（最细的瓶子里的水最高，最粗的瓶子里的水最低）

教师小结：一样多的东西舀入粗细不同的一组瓶子里，看上去有高有低，其实它们是一样多的，因为都是舀了三杯水。

活动延伸

教师："刚才我们用小果冻杯当量具，用量的方法比较了水的多少。为了方便大家，科学家还发明了一种专门用来量东西的杯子，我们叫它量杯（出示量杯）。量杯的上面有刻度，可以用来量水、沙、米等一些不能数的物体的多少，小朋友们以后会用到它。"

活动建议

1. 可以请幼儿根据生活经验联想在日常生活中遇到的质量守恒的例子。例如，同样一个热水瓶的水倒入脸盆或浴缸内，虽然看上去脸盆内的水比较多，但其实是一样多的；一瓶牛奶倒入锅中，虽然看上去牛奶似乎少了，但其实还是一瓶牛奶。

2. 可以为小班幼儿开展非正式活动——套碗（套杯、套蛋、套娃）

玩法：为幼儿准备六个大小不等的套碗（套杯、套蛋、套娃）玩具，让幼儿在摆放、套合的过程中积累比较量的差异的经验，并尝试根据它们量的差异进行排序。

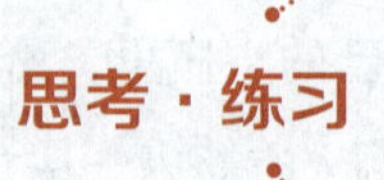

思考 · 练习

1. 简述幼儿对量的感知特点。
2. 举例说明引导幼儿学习排序的方法。
3. 设计一个幼儿量概念教育活动的参考案例。

第七章 幼儿空间方位概念的发展和教育

学习目标

- 掌握幼儿空间方位概念的发展阶段
- 明确幼儿空间方位概念的教育目标，掌握幼儿空间方位概念教育的指导要点
- 能够设计与指导幼儿空间方位概念教育活动

第一节　幼儿空间方位概念的发展

空间是比较抽象的概念，但它们又是幼儿在日常生活中经常接触、不可回避的概念。对幼儿进行初步的空间方位概念教育，可以促进幼儿空间知觉的发展，帮助幼儿更好地适应日常生活。幼儿所涉及的空间方位概念主要有上下、前后、左右等。

一、空间方位的特点

任何客观物体在空间中均占有一定的位置，并且同周围的物体存在着空间上的相互位置关系，这就是物体的空间位置关系，也可称之为物体的空间位置，即物体的空间方位。空间方位的辨别是指人对客观物体在空间所处的位置关系的判断，它是由多种感觉

器官协同作用完成的。一般来说，空间方位具有以下三个特点。

1. 相对性

我们在确定一个物体的位置时，总是要和一定的参照物联系在一起。也就是说，物体的空间方位不是一个绝对的特征，而必须对于某个参照物而言，就像上下、前后、左右都是相对的概念一样。上是对下而言，左是对右而言，两个物体之间的位置关系也是相对的。例如，老师在我后面，我就在老师前面。

2. 可变性

正因为物体的空间方位具有相对性的特点，它也就具有可变性。当参照物的位置发生变化时，该物体的方位也会随之发生变化。例如，朵朵的前面是桌子，后面是椅子，当她转 180° 时，她的前面变成了椅子，后面变成了桌子。也就是说，一个物体的位置会随着参照物位置的变化而改变。

3. 连续性

物体位置的改变不是一个突变的过程，而是一个渐变的过程。例如，在朵朵从明明的左边移动到明明的右边的过程中，他们之间的空间关系也出现了一个连续的变化过程：左前方、前方、右前方、右方……在这里，我们可以看出空间方位的变化是渐进的、连续的，并没有明显的界限。这实际上就反映了空间方位的连续性特点。

二、幼儿对空间方位认识的特点

幼儿对空间方位认识的发展是随着年龄的增长而逐步发展的，不同年龄的幼儿对空间方位的认识有明显的差异。

1. 幼儿认识空间方位依照一定的顺序进行

幼儿在掌握空间方位的过程中，需把不同的方向与自己身体的一定部位相对应。幼儿最早区分出的是身体的上面和下面，其次是身体的前面和后面，区分左右还要晚一些。实验也证明，幼儿正确区分左右是比较困难的。5 岁左右的幼儿在使用左手和右手时仍需要成人经常提醒。一般来说，3~4 岁的幼儿能够区分“上、下”；4 岁的幼儿开始能够区分“前、后”；5~6 岁的幼儿开始能够区分“左、右”，但这种能力尚未发展完善。

2. 幼儿认识空间方位从以自身为中心逐步过渡到以客体为中心

由于幼儿掌握空间方位是以自己身体作为定向出发点的，所以幼儿认识空间方位是从以自己为中心开始的。离开了自身这个中心点，幼儿难以辨别方位。例如，他们首先知道自己的头在身体的上面，脚在身体的下面；脸在前面，背在后面。在此基础上，幼儿再以自身为中心确定相对于自己的客体所处的位置。例如，自己的上面有电灯，下面有地板；自己的前面有桌子，后面有椅背；自己的左边有什么，右边有什么。幼儿在以自身为中心认识空间方位的基础上，逐步过渡到能以客体为中心认识空间方位。

幼儿在以客体为中心确定左右时，尤其是确定对面物体的左右方位时比较困难。这是因为此时需要幼儿首先在头脑中转个 180° 的方向，想象自己站在对面客体的位置上来确定其他客体的左右。例如，要知道朵朵的左边是谁或有什么东西，幼儿往往需要亲自站到朵朵的位置上先根据自身来确定，然后才能说出朵朵的左边是谁或有什么东西；以后逐步能想象自己处在朵朵的位置上，来确定朵朵的左边是谁或有什么东西。

3. 幼儿认识空间方位的区域随着他们年龄的增长而逐渐扩展

3 ~ 4 岁的幼儿所能理解的上下、前后、左右区域十分有限，仅限于能直接感知到的范围，如自己身体的部位、挨着或靠近自己的物体。

5 ~ 6 岁的幼儿区分前后、左右区域的范围有所扩大，可以辨别离自己身体比较远的和偏离上下、前后、左右方向物体的方位，有一部分幼儿已经能够做到以自身为中心辨别左右了，这说明幼儿对空间方位的认识有了很大的提高。

第二节　幼儿空间方位概念的教育

一、幼儿空间方位教育目标

幼儿空间方位教育目标

小　班
1. 能区分并说出以自身为中心的上下方位，包括自己身体部位的上下方位、在自己上面的物体、在自己下面的物体等
2. 学习判断两个物体之间明显的上下关系，说出什么在什么的上面，什么在什么的下面等
中　班
1. 能区分并说出以自身为中心的前后方位，包括自己身体部位的前后位置、在自己前面的物体、在自己后面的物体等
2. 能区分并说出物体与物体之间的上下、前后位置关系
3. 学会按指定的方向运动，如向上、向下、向前、向后等

续表

大班
1. 能区分并说出自己的左手和右手，根据自己的身体判断自己与物体的左右关系 2. 学习辨别物体与物体的左右关系 3. 学习向左或向右运动

二、幼儿方位概念教育活动设计与指导

1. 引导幼儿观察，让幼儿用描述的方法说出自己对物体方位的感知体验

幼儿对物体位置的认识是从对自己身体有关部位位置的认识开始的。幼儿通过对自己身体有关部位的认识，再配合具体词的描述，无疑是感知方位的一种有效的方法。教师在组织上述活动时，要明确其活动的主要目的是帮助幼儿理解方位词，其次才是认识身体的部位。因此，可以在此活动的基础上设计提问，让幼儿练习使用方位词。例如，“你身体的上部有什么？”“你身体的下部有什么？”或“头在你身体的什么方位？”“脚在你身体的什么方位？”“背在你身体的什么方位？”还应让大班幼儿认识扶纸的手是左手，写字的手是右手等。

在幼儿对身体部位所处的空间位置熟悉后，就可以进一步运用观察法引导幼儿将视野扩大到周围的环境中去，让他们发现身体的前面、后面、旁边、左边、右边各有什么。例如，身体的前面有钢琴，后面有桌子，旁边有活动区，左边坐的是蒙蒙，右边坐的是亮亮等。

2. 通过观察、操作、游戏等方法，让幼儿逐渐掌握以客体为中心辨别方位的方法

在幼儿认识了自身有关部位的方位以及自己与物体的方位关系后，再逐渐让幼儿正确判断物体之间的方位关系，即以客体为中心辨别方位。例如，让幼儿观察活动室，灯的上面是天花板，灯的下面是桌子；老师的右边是窗户，老师的左边是门等。教师带幼儿去户外散步，让幼儿观察：大树的上方正飞着一只小鸟，大树的下方有许多月季花；我们班在二楼，我们班的上面是大二班，我们班的下面是小二班等。在让幼儿以客体为中心辨别方位时，教师应注意帮助幼儿理解一些方位概念相对性的问题。例如，幼儿先看到自己的前方有一棵树，请幼儿转180°后再问幼儿：“现在树在你的什么地方？”

运用游戏练习的方法让幼儿进一步理解方位概念不仅可以引起幼儿很大的兴趣，同时也是一种很好的方法。例如，组织幼儿玩“给娃娃布置房间”的游戏，教师先准备好娃娃家必需的物品（如小床、桌子、椅子、柜子等），请幼儿帮助娃娃把东西摆放好，

看看什么东西应该放在什么地方。再一边出示玩具，一边问幼儿："谁能告诉老师，被子应该放在什么地方?""这是什么?（鞋子）应该放在什么地方?"然后，依次出示茶杯、台灯、小食品等物品，让幼儿摆放时先说出要摆放的方位。

还有一些口头加动作的辨别方位游戏，也是幼儿练习方位概念的很好的方法，如"相反的游戏"。通过教师和幼儿或幼儿和幼儿之间说相反的方位词和做出相反的动作，使幼儿进一步理解方位概念，同时训练幼儿反应的敏捷性。例如，教师说"上"，幼儿说"下"；教师说"前"，幼儿说"后"，继而可配合动作，加强幼儿思维中方位词与实际方向辨认的联系。再如，教师说"向前迈一步"，幼儿就向后退一步；教师说"向左边跨一步"，幼儿就向右边跨一步等。类似的还有"摸耳朵"的游戏，教师口头指示幼儿，"用你的右手摸你的右耳朵"，幼儿按教师的要求去做。可以在其中穿插"用你的右手摸你的左耳朵"这样的指示，反复交替进行，并逐渐加快速度，以训练幼儿反应的敏捷性。

3. 在幼儿的日常生活中进行空间方位的教育

认识空间方位，从某种意义上来讲，就是认识地点或者说是认识环境。因此，在幼儿的一日生活中，不仅大量地存在认识方位的内容和契机，而且在幼儿一日生活的各种活动中，随时都需要幼儿对方位作出辨别。因此，教师要抓住在日常生活中进行空间方位教育的良好契机，随时随地进行这方面的教育。从幼儿入园的第一天起，在幼儿认识自己的幼儿园，认识自己班级的地点、方向位置、安全出口，认识住家或幼儿园附近的公共设施的地点、方向位置等时候，教师都不要错过教育幼儿认识方位概念的时机，实际上这也是每个幼儿新到一个环境教师必须要做的事情。例如，吃饭时，让幼儿左手扶碗，右手拿勺；幼儿外出排队或散步时，让谁排在前面，谁排在后面；做操时，幼儿也会遇到用左手还是用右手，先出左腿还是先出右腿，胳膊要使劲往上伸，下蹲时身体要往下等与方位有关的活动。另外，在日常生活中，幼儿还经常体验到物体与物体之间的关系，如积木放在插片下面的格子里，彩笔放在柜子的最上面等。

幼儿在日常生活中还经常接触到物体的运动，如汽车从桥下面开出来了，小鸟从树上飞到树下。在玩"立交桥"游戏时，往往离不开汽车的运动方向，教师可以与幼儿共同讨论，说一说幼儿"驾驶"的汽车是如何行驶的，前边的车是谁的，谁的车在后面，超车是从左边还是从右边超的等。总之，教师在实际生活中，应注意引导幼儿感知各种他们所看到的物体的运动或物体位置的变化。

第三节　幼儿空间方位概念教育活动设计与指导参考案例

一、幼儿听声音辨别方位教育活动设计与指导

活动名称

听声音，辨方位（中、大班）

活动目标

1. 能根据听到的声音辨别声音的位置，并能用相应的符号在卡片上标记出来。

2. 学会静下心来仔细倾听，知道在活动中不干扰别人。

活动准备

一处能听到多种声音的地方（但也不要太嘈杂），每个幼儿一张卡片和一支笔。

活动过程

1. 介绍活动的名称与规则

（1）先告诉幼儿，这个活动的名称叫“听声音，辨方位”。

（2）发给每个幼儿一张卡片，让他们在卡片上画一个“◎”，表示自己所在的位置。当幼儿听到某种声音时，就用恰当的简单符号把这种声音标记在卡片上。例如，一阵风就画两道斜线、几声鸟叫就画一只简笔的小鸟。表示符号的位置应尽量精确地显示出声音的方向和远近（可以适当地做一次示范让幼儿理解）。为了听到更多的声音，可以让幼儿闭上眼睛聆听，还可以用手掌朝前拢着耳朵形成声音的反射面来听。

2. 幼儿自选活动地点进行作业

（1）让幼儿快速地（一分钟）找到自己的“倾听地点”，分散坐下，并且要求幼儿一旦选定了地方，就不要再随便移动，以免“倾听开始”时，还有人走动。

（2）在开始记录声音时和结束记录时，分别给幼儿一个信号，如学一声猫叫或狗叫，以增加活动的趣味性。活动持续的时间可以视幼儿的年龄、专注程度和当时环境的声音状况而定，一般为 5 ~ 10 分钟。

3. 幼儿自行结伴交流记录

在活动结束时，让幼儿自行找自己的好朋友，交流彼此的声音记录，教师可提问："你听到了几种不同的声音？你是用什么符号来表示它们的？""你最喜欢哪种声音？为什么？""你最不喜欢哪种声音？为什么？""哪种声音你以前从来没有听过？你知道声音是从哪里发出来的吗？"

活动建议

如果找不到合适的声音环境，可以请其他教师协助，在不同的方位、地点制造出一些声音，供幼儿聆听和记录。

二、幼儿空间方位区域教育活动设计与指导

活动名称

猜猜我说的东西在哪里（大班）

活动目标

1. 能用以客体为中心的方位词表示物体之间的关系。

2. 能根据所提供的条件线索细心观察并找到物体所在的地点。

活动准备

1. 选择一处合适的活动场所。

2. 编制一套有关物体方位线索的材料。例如，"从我这里看，1 号物体在滑梯的后面，但又在爬网的前面""2 号物体有一个绿色的身体，它在花坛的左边，藏在草丛中"等。

3. 皮球、沙袋、可乐瓶等材料若干，红绸带（红绳）数目为幼儿总人数的一半。

活动过程

1. 带领幼儿到事先选择好的活动场所，教师按物体编号顺序一一描述物体的方位线索，幼儿根据教师提供的线索前往搜索，找到教师描述的物体。

2. 让幼儿两人一组自由结伴，每组取一份材料（如一个皮球）和一根红绸带。其中一人先将物体藏起来，然后挥舞绸带指挥另一人前往寻找，向前挥动表示要向前行，向后挥动表示要向后退，向下挥动表示已到藏物的地点，找到后两人交换角色。

三、幼儿认识空间方位教育活动设计与指导

活动名称

系红绳（中、大班）

活动目标

1. 幼儿在自身参与的活动中学习比较和区分左右的空间方位。

2. 发展幼儿的空间方位知觉和判断能力。

活动准备

每个幼儿一根红绸带（红绳）。

活动过程

1. 情境提问——夸夸我的两只手

教师："小朋友的两只手中，哪只是右手？哪只是左手？谁的本领大？"（用来吃饭、写字、画图、举手发言、敬礼……的手是右手，右手本领大）"右手的本领大，为了夸夸它，给它系上一条红绸带"（幼儿两两相助，在对方的右手系上一条红绸带）。

2. 游戏——找找我的两只手

幼儿按教师口令或要求提示，用动作作出回应。

（1）举一举

举起右手，举起左手。（通过举手知道靠右手的一边是右边，靠左手的一边是左边）

（2）拉一拉

用右手拉右耳，用左手拉左耳；用右手拉左耳，用左手拉右耳。

（3）拍一拍

用右手拍左腿，用左手拍右腿；用右手拍右腿，用左手拍左腿。

（4）说一说

我左边坐的是 ×××，我右边坐的是 ×××。

（5）找一找

左边墙上挂的都有什么？右边墙上挂的都有什么？

（6）走一走

幼儿排队上下扶梯，要求靠右走，即靠系红绸带手的一边走。（表扬耳朵灵、动作做得对的幼儿）

活动建议

可以在日常生活中随机进行区分左、右手的活动。让幼儿两两面对站立，分别举起左手或右手，感知我的右手和对面小朋友的左手相对，我的左手和对面小朋友的右手相对；我左（右）边的东西，对面小朋友看起来就是他右（左）边的东西了。

四、幼儿认识左右教育活动设计与指导

活动名称

认识左右（大班）

活动目标

1. 创设情境，让幼儿体验左右的位置与顺序。

2. 通过活动，使幼儿能确定物体左右的位置与顺序，并能用语言来表达，初步体验左右的相对性。

3. 使幼儿在学习活动中获得积极的情感体验。

活动准备

1. 铅笔、橡皮、剪刀、文具盒、尺子。

2. 每个幼儿一套动物图片。

活动过程

1. 举手回答

教师："小朋友们，今天我们班来了一些客人，首先我们以热烈的掌声欢迎它们，谁知道一共来了几位客人？"

教师："刚才你回答时举的哪只手？右手还可以做哪些事？左手呢？左、右手是一对好朋友，你身上还有这样一对对的好朋友吗？"（左腿、右腿，左脚、右脚，左耳、右耳，左眉毛、右眉毛等）

2. 听口令做动作

教师："伸出你的左手，伸出你的右手；耸耸你的左肩，耸耸你的右肩；跺跺你的左脚，跺跺你的右脚；左手摸左耳，右手摸右耳；左手摸右耳，右手摸左耳……"

3. 按方位说名称

（1）教师将铅笔、橡皮、剪刀、文具盒、尺子按从左到右的顺序摆好，让幼儿说出文具的名称。"小朋友们，你们看一看，放在最左边的是什么文具，放在最右边的又是什么文具。""谁来告诉老师，文具盒的左边是什么文具，文具盒的右边又是什么文具。"

（2）请幼儿按教师的要求把图片摆出来。先找出老虎图片，把小兔子图片摆在老虎图片的左边，把小猫图片摆在小兔子图片的左边，把熊猫图片摆在老虎图片的右边，把小鸭子图片摆在熊猫图片的右边。请幼儿和自己旁边的幼儿说一说，老虎图片的左边是什么图片，右边又是什么图片。

4. 体验相对性

（1）教师和幼儿面对面站着，教师请幼儿举起右手，教师自己也举起右手。让幼儿回答教师举的右手和他自己举的右手有什么不同。

（2）教师转过身，与幼儿方向一致，再举起右手。让幼儿体验面对面站着，因为方向不同，所以自己举的右手就和老师的刚好相反。

思考·练习

1. 幼儿对空间方位的认识有哪些特点？

2. 幼儿空间方位概念教育活动的指导要点有哪些？

3. 设计一个幼儿感知空间概念教育活动案例。

第八章 幼儿时间概念的发展和教育

学习目标

- 了解时间概念的特点，掌握幼儿感知时间的特点
- 明确幼儿时间概念教育目标，掌握幼儿时间概念教育指导要点
- 能够设计与指导幼儿时间概念教育活动

第一节 幼儿时间概念的发展

在日常生活中，我们经常会涉及时间概念，但我们所用的表示时间概念的词汇往往表示的是不同的含义。有的表示时间的长短（如一天、两个小时等），有的表示时刻（如早上、晚上、三点整等），还有的则表示速度（如快、慢等）。幼儿对时间的认识兴趣很早就产生了，随着语言能力的发展，他们会开始使用一些表示时间的词汇，但理解水平非常有限，不太能理解时间词汇的真正含义（如三点钟、星期一等）。总体来讲，幼儿认识时间是非常困难的，幼儿的时间概念既建立在对时间的知觉基础上，同时也受其思维发展水平的制约。

一、时间概念的特点

时间是物质、运动变化过程的持续性和顺序性。任何客观存在的物质，都会持续一定的过程。例如，种子发芽、长叶、开花、结果，人从出生到死亡等都需要用时间来表示。那么时间概念有什么特点呢？

1. 流动性

时间不是静止的，是在不知不觉中流逝着的，是不以人的意志为转移的。

2. 不可逆性

时间的流动是有方向的，即“时光不可倒流”。今天的两点钟这个时刻过去就永远也不会再来。

3. 周期性

时间虽然一分一秒地流逝，但它是秒复一秒、日复一日地交替更迭的。今天有早晨、白天、晚上、黑夜，明天也有早晨、白天、晚上、黑夜；今年有春、夏、秋、冬四季，明年也有春、夏、秋、冬四季。

4. 抽象性

时间不具有直观性，它既看不见、摸不着，也闻不到、听不见，所以，人们是通过某种媒介来认识时间、测量时间的。这种媒介可以是自然界的周期现象，如太阳的升起、昼夜的交替、季节的变化等；也可以是机体内部的一些有节奏的生理活动，如到了固定的时间会饿，以及有节奏的心跳、呼吸等；还可以是测量时间的工具，如钟表、日历等。

二、幼儿感知时间的特点

由于时间是看不见、摸不着的，不具有直观形象性，所以幼儿感知时间是比较困难的，需要成人把一定的时间单位同幼儿的实际生活联系起来，才比较容易掌握。那么幼儿是怎样感知时间的呢？

1. 幼儿对时间的感知是和他们生活中感兴趣的、具体的事物联系在一起的

由于时间不具有直观性，所以幼儿感知时间总是和具体的事物联系在一起的。例如，小班幼儿在掌握早晨、白天、晚上、黑夜等时，就是和生活中的事件相联系的。早晨就是起床、洗脸、刷牙，妈妈送我去上幼儿园的时间；白天就是我在幼儿园里和小朋友们一起做游戏、学本领，爸爸、妈妈上班的时间；晚上就是爸爸、妈妈吃完晚饭和我一起看电视的时间；黑夜是天黑的时候，是我看完电视去睡觉的时间等。幼儿在理解其他的时间概念时也带有这样的特点。例如，明天是星期六，爸爸、妈妈不用上班，我也不

用去幼儿园了；昨天爸爸带我吃冰激凌了……

在现实生活中可以看到，寄宿制的幼儿大多较全日制的幼儿对时间的感知要好得多，尤其是对星期、昨天、今天、明天等概念的理解要远远优于全日制的幼儿。这也说明，尽管时间概念很抽象，但只要和幼儿生活中的事物联系在一起，幼儿还是可以理解的。

2. 幼儿对时间感受能力的发展是随着他们年龄的增长、生活经验的不断丰富逐渐发展完善的

心理学研究发现，幼儿感受时间长短的能力很差。对他们来说，进行有兴趣的活动（如看动画片、游戏等）时，时间就显得很短；相反，如果让他们等待，时间就显得很长。但随着幼儿年龄的增长，幼儿对时间的感受能力也有了很大的提高。4~5 岁的幼儿已经能比较好地理解和运用“早晨”“白天”“晚上”“黑夜”等词语，并且知道早晨、白天、晚上、黑夜是一天的四个部分，知道并能正确区别昨天、今天、明天，知道昨天是过去的一天，明天还没到，今天过去了就是明天等。6 岁左右的幼儿开始理解较长间隔的时间单位，如能认识一个星期的 7 天；知道今天是星期几，明天是星期几；星期六、星期日不用去幼儿园，爸爸、妈妈也可以休息；并且知道一个星期、一个星期是连续不断、周而复始的。同时，也开始区分较小的时间单位，如学习认识时钟，会看整点和半点等。

3. 幼儿感知时间的特点是比较困难的

时间就是物质运动过程的持续性和顺序性，任何客观事物都要经过一个持续发展的过程。种子从发芽到长叶、开花、结果，人从出生到死亡，这些过程的持续性都是物质的时间属性，因此，时间也是客观存在的一种量。可以说，时间是高度抽象的概念，它不具有直观性，再加上幼儿的抽象逻辑水平低，因此，幼儿理解时间的流动性、不可逆性、周期性是比较困难的。

第二节　幼儿时间概念的教育

教幼儿认识时间，使他们感知时间的存在和时间的流动，具有重要意义。这既可以发展幼儿的时间知觉，使其树立良好的时间观念和生活习惯，又可以加深幼儿对序列关系、整体和部分之间关系的认识。

一、幼儿时间概念教育目标

幼儿时间概念教育目标

小 班
初步理解早晨、白天、晚上、黑夜的含义，并能正确地运用这些时间词汇
中 班
理解昨天、今天、明天的含义，知道它们之间的关系，并能正确地运用这些时间词汇
大 班
1. 认识钟表，会看整点和半点 2. 学会看日历，知道一个星期有7天，以及这7天的名称和顺序；能说出今天是星期几，明天是星期几

二、幼儿初步时间概念教育活动设计与指导

幼儿对时间概念的理解，是通过日常生活中对时间关系的经验和体验逐步发展起来的。生活经验是幼儿感知和理解时间概念的基础，所以，引导幼儿认识时间应主要在日常生活中进行，而不是靠集体的教学活动。幼儿在日常生活中，感受着一日生活中各主要活动的时间：早晨来幼儿园，白天和小朋友们一起玩游戏，中午睡午觉，下午五点妈妈接我回家等；星期一到星期五去幼儿园，星期六、星期日不去幼儿园等。这样，幼儿逐渐能体验、理解、认识时间。

1. 通过谈话帮助幼儿学习并理解时间词汇

谈话是认识时间的一种很好的方法。在幼儿园的一日生活中，有很多时候可以同幼儿进行认识时间的谈话，如晨检、午饭前或散步以及活动的间隙等。通过谈话引导幼儿使用一些表达时间的词汇。例如："早晨谁送你来幼儿园的?""昨天是星期日，爸爸、妈妈带你去哪里了?""看看班上的时钟，现在十点钟了，我们该下楼做操了!""明天早晨小朋友们都别忘了带手绢!"等。因为要引导幼儿认识时间，首先要引导他们认识、理解并正确运用这些表示时间的词汇，这样才有助于他们正确地理解时间要领和时间关系。

通过谈话来认识时间还可以结合幼儿的看图讲述活动。通过图片上一幅幅表示时间活动的画面，让幼儿辨别画面上所说的事是在什么时间发生的，并记忆时间发生的先后顺序；也可以让幼儿把自己在幼儿园的活动按时间排序制成《我们的一天》画册，

再看着画册讲给爸爸、妈妈或其他小朋友听。

2. 在日常生活中引导幼儿关注时间、渗透时间的教育

幼儿在一日生活中有各种各样的机会接触到时间关系。教师应有意识地启发幼儿，进行渗透时间的教育。

例如，在中、大班，可以结合做值日和做气象记录的活动，提醒幼儿今天是谁做值日和做气象记录，明天该谁做值日和做气象记录了；到周末时，教师和幼儿一起数一数这周有几天是晴天、几天是下雨天，以加深幼儿对星期的认识和理解。

教师还可以结合重大节日和幼儿园或班级重要活动及幼儿的生日采用倒计时的方法，帮助幼儿理解即将到来的时间，体验所用时间的长短。

教师在幼儿的一日生活中，可以有意识地向幼儿提出完成任务的时间要求，以培养幼儿的时间观念。例如，活动结束时，教师告诉他们，“请把玩具收好，再过五分钟，我们到外面排队做操”。五分钟后，教师请幼儿到外面排队。幼儿在这个过程中就感受到了五分钟是什么含义。还可以让幼儿闭上眼睛或伏在桌上休息一会儿，体验一分钟、两分钟、五分钟时间的长短。这样的活动有助于发展幼儿的时间感。在一些比赛性、竞赛性的活动中，如“看谁算得对又快”“谁穿衣服最快”等活动，让幼儿体验做事的快慢，进一步体会时间的快慢。

3. 帮助幼儿理解时间的先后顺序

认识时间的先后顺序对于发展幼儿的逻辑思维，特别是序列观念很重要。教师在指导幼儿进行各种操作活动时，应让他们明确先做什么，再做什么，最后做什么，知道这些程序在时间上的先后顺序，这样有助于幼儿在头脑中建构这些动作之间的逻辑关系。例如，在阅读活动中，教师引导幼儿理解每幅图画之间的逻辑关系时，也可以关注它们的时间先后顺序；可以让幼儿整理日常所做的气象记录以及动植物生长记录，从而让他们感受事物发展的先后顺序；通过让幼儿说一说每一天的活动，引导他们发现时间的先后顺序。

时间是不易被幼儿感知的，因为它不是一种有形的物体，但也不是不可感知的。教师将时间与幼儿日常生活中的活动、具体的事件以及他们的生活经验联系起来，使幼儿对时间的认识建立在生动的直观形象的基础上，这样幼儿对时间的认识、理解就容易得多了。

第三节　幼儿时间概念教育活动设计与指导参考案例

一、幼儿了解时间概念教育活动设计与指导

活动名称

太阳和月亮（小班）

活动目标

1. 通过欣赏和游戏活动，帮助幼儿了解早、晚及白天、黑夜的时间概念。

2. 培养幼儿积极参与活动的态度及大胆的表现。

活动准备

自制拟人化“太阳”和“月亮”活动教具各一，每个幼儿一个小猫头饰。

活动过程

1. 教师带领幼儿到公园或操场中去欣赏蓝天和大自然。

出示活动教具“太阳”和“月亮”，在幼儿欣赏中引起他们的兴趣：“小朋友们知道太阳和月亮是在什么时候出来的吗?”[早晨（白天）——太阳出来；晚上（黑夜）——月亮出来]

出示小猫头饰，由幼儿扮演小猫。当看到教师手里举的“太阳”或“月亮”活动教具的变换，幼儿做出相应的动作：白天（太阳出来）——小猫舒服地睡大觉；黑夜（月亮出来）——小猫轻轻地去抓老鼠。

2. 幼儿模拟自己在白天和黑夜的不同活动，如白天——上幼儿园、游戏、做操，夜晚——看电视、关灯、睡觉。

活动建议

此活动可以选择在操场或空间较大的活动室进行。在幼儿的动作模拟游戏中，也可

以结合小班年龄的特点，鼓励幼儿用简单的语言加以表达，如“我白天在做操，晚上在看电视”……在幼儿的游戏和动作表现活动中，可以适当使用一些表现白天和黑夜情境的音乐作衬托。

二、幼儿增强时间概念教育活动设计与指导

活动名称

学记自然日记——认识昨天、今天、明天（中班）

活动目标

1. 通过轮流值日使幼儿认识日期、星期，区分今天、明天。

2. 让幼儿增进时间概念并学会用数字做记录的方法。

活动准备

每个幼儿一张值日生记录卡（见表 8–1），彩色笔若干。

表 8–1　值日生记录卡

<table>
<tr><td colspan="2" rowspan="2">一周天气情况</td><td colspan="2">晴天</td><td>阴天</td><td>雨天</td></tr>
<tr><td colspan="2"></td><td></td><td></td></tr>
<tr><td colspan="2">星期一</td><td colspan="2">星期二</td><td colspan="2">星期三</td></tr>
<tr><td></td><td></td><td></td><td></td><td></td><td></td></tr>
<tr><td colspan="2">星期四</td><td colspan="2">星期五</td><td colspan="2">星期六</td></tr>
<tr><td></td><td></td><td></td><td></td><td></td><td></td></tr>
<tr><td colspan="2">星期日</td><td colspan="2"></td><td colspan="2"></td></tr>
<tr><td></td><td></td><td></td><td></td><td></td><td></td></tr>
</table>

活动过程

1. 教师讲解相关内容

（1）讲解值日生记录卡的内容：在晴天、阴天、雨天对应的格子中填写一周的天气情况；在星期下面的两个格子中，一个记日期，一个画天气情况标记。

（2）讲解值日生记录卡的记录方法：分别用数字或图形表示日期、星期和天气情况。

（3）说明值日生记录卡的意义：让大家知道日期、星期和天气情况。

2. 幼儿写写、画画

幼儿在各自的练习纸上以一周为准填写值日生记录卡，练习纸的四周空白处用自己喜欢的符号、花纹装饰。

活动延伸

将值日生记录卡放大挂在教室的黑板上，以幼儿轮流值日的形式填写。

三、幼儿认识日历教育活动设计与指导

案例

活动名称

看日历（大班）

活动目标

1. 知道一年有 12 个月，一个月有 30 天或 31 天（2 月例外），一个星期有 7 天。

2. 积极参与智力游戏，乐于动脑。

活动准备

日历一本。

活动过程

1. 猜谜活动

教师出示日历并说谜语。

2. 看日历

教师提示幼儿看日历本，并提问："今年是二零二几年？"（2020 年）"看看现在是几月？"（3 月）"今天是几号？"（18 号）"明天是几号？"（19 号）

附：谜语

大大的一本书，一天看一页，看完这本书，大家过新年。

（1）认识年月

1）教师："找一找 6 月份在哪里？数一数 6 月有几天？"（30 天）"7 月份有几天？"（31 天）

2）教师："一年中哪几个月是 30 天？哪几个月是 31 天？"

3）教师教幼儿左手握成拳，用凹凸位置记大月和小月；初步知道大月是 31 天，小月是 30 天。

4）教师："小朋友们知道儿童节在几月吗？"（6 月）"6 月后面是几月？"

（2）认识星期、日期

1）教师："一个星期有几天？"（7 天）"哪 7 天呢？"（星期一、星期二、星期三、星期四、星期五、星期六、星期日）"今天是星期几？"

2）教师："小朋友们每周来幼儿园的第一天是星期几？"（星期一）

3）提示幼儿翻日历本，如翻到的是 × 月 × 日，说出 × 月 × 日是星期几。

4）提示幼儿按教师的要求找日期，然后教师提问："6 月 3 日是星期几？""6 月 3 日后面是几号？是星期几？""6 月份的第一天是几号？是星期几？它是什么节日？"

5）教师："你喜欢星期几？为什么？"

幼儿与其他幼儿互问生日，看看今年他（她）的生日是星期几？

活动延伸

1. 可以在教室里挂一张年历或一本日历。
2. 平时可以组织幼儿玩有关节假日等时间的智力游戏。

四、幼儿认识时钟时间教育活动设计与指导

案例

活动名称

认识时钟（大班）

活动目标

1. 认识时钟，知道它的用途。
2. 知道时针、分针以及它们之间的运转关系，能正确辨认整点、半点。
3. 学习按时做好事情，懂得珍惜时间。

活动准备

时钟一个、生活情境图一张、幼儿作业纸三张。

活动过程

1. 集体活动

（1）引导幼儿认识时钟，知道时钟的名称及用途

教师出示时钟，并提问："这是什么？""你们在哪里看到过时钟？""时钟有什么用途？"（使幼儿知道，时钟能告诉人们时间，人们工作、学习、生活离不开时钟）

（2）引导幼儿进一步观察认识钟面

教师手指钟面，并提问："看，钟面上有什么？""钟面上有多少数字？它们是怎样排列的？""仔细看，钟面上的两根指针一样长吗？"（使幼儿知道，长针叫分针，短针叫时针）

（3）引导幼儿认识整点，了解分针与时针的运转关系

教师将两根指针都拨到"12"上，并提问："时针和分针都在'12'上，这就表示12点。看，它们是怎样走的。"

教师操作，引导幼儿观察发现它们都朝一个方向走，分针每走一圈，时针就走一格，这就是一小时。"谁会拨9点整？"教师报时间，幼儿演示拨指针，并引导幼儿进行检查，帮助幼儿理解整点的意义。

（4）学习看图画指针，巩固对钟点的认识

教师出示生活情境图，并提问："你几点上幼儿园？""谁能在这张图上画出8点整，时针和分针分别指向哪里？""他画的是8点整吗？为什么？"引导幼儿观察并检查，初步掌握看图画指针的方法。

2. 小组活动

（1）第一、二组：看时间画指针

教师出示第一张幼儿作业纸（见图8–1），请幼儿仔细查看每幅画面的内容，再看看给出的时间，然后在钟面上画出指针应指向的位置。

（2）第三、四组：看钟表写时间

教师出示第二张幼儿作业纸（见图8–2），请幼儿仔细查看每幅画面的内容，再看看时钟表示的时间，然后在空格中写出对应的时间。

（3）第五、六组：看图连线

教师出示第三张幼儿作业纸（见图8–3），请幼儿仔细查看每幅画面的内容，为正在打电话的两只小动物连线。

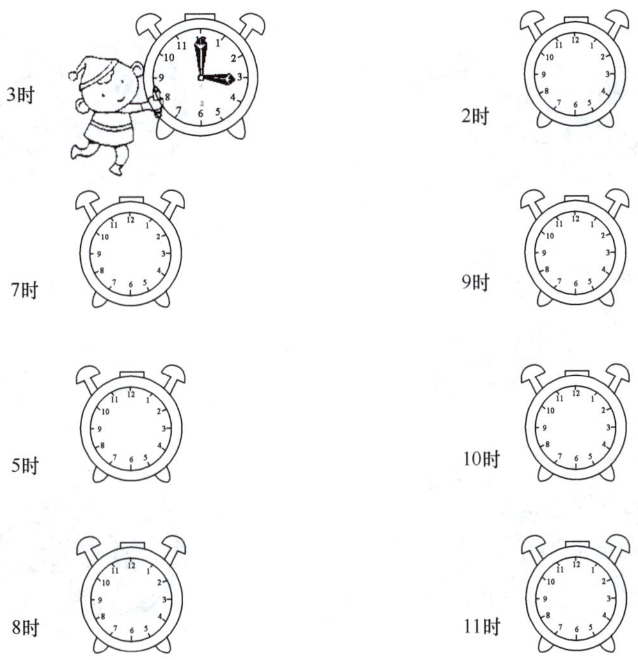

图 8-1 看时间画指针

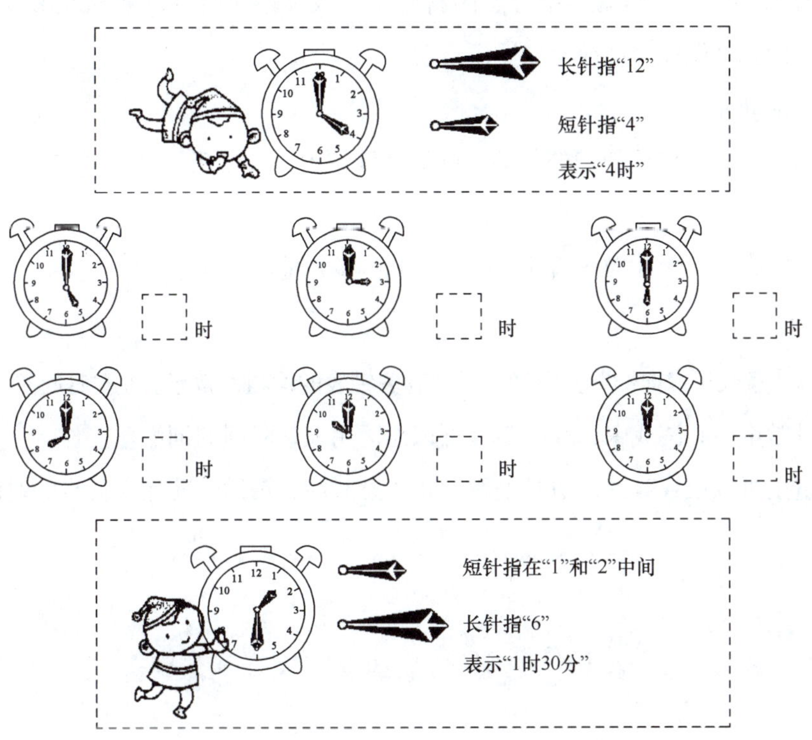

图 8-2 看钟表写时间

图 8–3 看钟表写时间

幼儿分组操作，教师观察指导、因材施教。教师还应时刻观察幼儿参加活动的情绪，使每个幼儿都能较主动地参加操作活动。

3. 讲评活动

（1）请两个幼儿讲述他们的活动，师幼共同评价，以便巩固幼儿对整点、半点的正确认识。

（2）鼓励幼儿多参加操作活动，提高幼儿的操作能力。

活动延伸

1. 教师或家长可以向幼儿介绍钟表以及有关钟表的趣闻，激起幼儿对计时工具的兴趣。
2. 在日常生活和游戏中，教师要有意识地运用表达时间的词汇。
3. 教室里可以放置时钟，适时提醒幼儿作息时间，帮助幼儿建立初步的时间概念。

思考 · 练习

1. 幼儿对时间的认识有哪些特点？
2. 如何在日常生活中对幼儿进行认识时间的教育？
3. 设计一个幼儿认识整点和半点的教学片段。

参考文献

1. 林嘉绥，李丹玲 . 幼儿园数学教学法［M］. 北京：北京师范大学出版社，1994.
2. 骄德风，等 . 幼儿计算教学法［M］. 北京：人民教育出版社，2000.
3. 张慧和，张俊 . 幼儿园数学教育［M］. 北京：人民教育出版社，2004.
4. 张慧和 . 学前儿童数学教育［M］. 重庆：西南师范大学出版社，2001.
5. COPLEY JU. 幼儿数学教材教法［M］. 台北：华腾文化有限公司，2003.
6. 林荣辉 . 幼儿科学教育活动设计［M］. 南昌：二十一世纪出版社，2004.
7. 周梅林 . 趣味数学 300 题［M］. 北京：中国少年儿童出版社，2003.
8. 金苹果教育机构 . 幼儿园整合教育活动方案［M］. 深圳：海天出版社，2001.
9. 幼儿园快乐与发展课题组 . 幼儿园快乐与发展课程教师指导用书［M］. 北京：北京师范大学出版社，2003.
10. 廖丽英 . 幼儿数学教育［M］. 北京：中国劳动社会保障出版社，1999.
11. 北京市宣武实验幼儿园 . 幼儿日常生活中的数学教育［M］. 北京：科学出版社，1995.
12. 郭东岐 . 新课程教学案例荟萃［M］. 北京：群言出版社，华文出版社，2002.
13. 刘忠阳 . 新课程教学设计——数学［M］. 北京：群言出版社，2003.
14. 朱慕菊 . 幼儿园教育指导纲要（试行）解读［M］. 南京：江苏教育出版社，2002.